The Institutional Positioning and
Operational Mechanism of Contemporary
Chinese University Charters

当代中国大学章程的
制度定位与运行机制研究

范佳洋　著

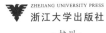

ZHEJIANG UNIVERSITY PRESS
浙江大学出版社
·杭州·

图书在版编目（CIP）数据

当代中国大学章程的制度定位与运行机制研究 / 范
佳洋著. -- 杭州：浙江大学出版社，2024.6. -- ISBN
978-7-308-25305-5

Ⅰ. G649.2

中国国家版本馆 CIP 数据核字第 20243L4G16 号

当代中国大学章程的制度定位与运行机制研究
范佳洋　著

责任编辑	许艺涛	
责任校对	张凌静	
封面设计	程　晨	
出版发行	浙江大学出版社	
	（杭州市天目山路 148 号　邮政编码 310007）	
	（网址：http://www.zjupress.com）	
排　　版	杭州星云光电图文制作有限公司	
印　　刷	杭州宏雅印刷有限公司	
开　　本	710mm×1000mm　1/16	
印　　张	12.5	
字　　数	155 千	
版 印 次	2024 年 6 月第 1 版　2024 年 6 月第 1 次印刷	
书　　号	ISBN 978-7-308-25305-5	
定　　价	68.00 元	

序

    大学作为高端人才的摇篮、科技创新的策源地和创新实践的推动者，是当代国家核心竞争力的组成部分。习近平同志指出，教育兴则国家兴，教育强则国家强。高等教育发展水平是一个国家发展水平和发展潜力的重要标志，世界各国都把办好大学、培养人才作为实现国家发展、增强综合国力的战略举措。大学章程作为现代高校治理的一项基本制度，上承国家法规政策、下启大学内外管理，它既是大学有序运行和稳定发展的保障，也是依法治校和建设世界一流大学的基础。在推进全面依法治国和国家治理现代化的进程中，如何从理论、规范和实践角度对当代中国大学章程的制度建构和运行机制进行专门性研究，是当代高等教育治理现代化和法治化的一项重要课题。

    国内有关大学章程的研究，多以西方"国家—社会"关系模型中源发的大学自治或学术自由理念为基础，对当代中国大学章程在治理观念和运行逻辑上的独特性关注较少，因而其结论难以充分关照当代中国大学章程的理论与现实，对"强国建设、教育何为"这一时代命题的具体落地也较少回应。与此相反，范佳洋博士的这本专著立足国内高校治理和大学章程实施的实践，从"作为一项国家制度的高等教育制度"这一宪法视野出发，论证了高等教育事业发展与国家发展具有同构性，指出关于中国大学章程的研究首先应澄清方法论前提、跳出形式合法性研究的窠臼，面向

"实质"的国家生活本身去阐明当代中国大学章程的制度定位与运行机制。这是一项融通了相关法规、政策、知识、观念、理论、方法的学术研究，也是一本启发大学治理实践和未来同类研究的学术著作。

本书首先从比较法的视野回顾了大学章程的发展历程，清晰阐明了中国与西方大学章程发展的不同历程。其次，通过经验研究展现了当代中国大学章程的实施现状，指出了大学章程法学研究的方法论困境。需要特别强调的是，本书在肯认既有研究的基础上提出了自己的方法论：高等教育是中国特色社会主义建设的一个子系统，正视高等教育与国家之间在宪法层面的实质联系，是重构当代中国大学章程制度定位的前提。这种"实质联系"不仅因高等教育兼具生产性与公共性而生成，更因其作为共同体与个体的精神交互渠道而成就。唯有采取这一视角，当代中国大学章程的制度定位才能获得厘清——以立德树人为实质价值，通过维护知识创新与依法治校的制度环境，落实具有中国特色的高校办学自主权，并彰显中国高等学校治理的本土智慧。

在阐明当代中国大学章程的制度定位后，本书从价值凝聚机制与民主合意机制两个方面剖析了大学章程的运行机制，揭示了大学章程之有效运行与高等教育高质量发展之间的关联。作者从宪法视角对大学章程的制度定位与运行机制做进一步观察，实质是统合"高等教育一般规律"与"中国特色发展道路"的思考尝试，非常值得鼓励和肯定。在全面依法治国向纵深推进和高等教育高质量发展的背景下，这类探新无疑能为完善我国的大学章程建设提供新的启发。

实践没有止境，理论研究也没有止境。大学章程作为一个跨学科研究的对象，情形尤其如此。一方面，面对新的时代使命，高校如何通过大学章程优化自身体制机制，在突出特色、办出风格、形成优势方面独辟蹊径，还有待更进一步的研究。另一方面，随着"一校一章程"建设任务的部分试点与全面推进,大学章程的学术研究已经历了由冷到热、由热回冷的状态,但理论关注度与实践需求度始终未能完全匹配。本书的出版呈现了一位年轻学者对该课题的系统思考和最新贡献,也代表了她在该领域跨出的重要一步。作为导师在表达祝贺的同时,更希望她在后续的学术工作中保持进步,坚持"不忘本来、吸收外来、面向未来",将我国大学章程和高教法治的研究持续推向深入。

陈林林

2024 年 6 月

前　言

　　教育事关社会发展,高等教育更是决定了国家在传播先进文化、促进经济科学发展、培养人才、推动自主创新方面的能力。2020 年 10 月,党的十九届五中全会指出"我国已转向高质量发展阶段"。2021 年 3 月,《中华人民共和国国民经济和社会发展第十四个五年规划和 2035 年远景目标纲要》进一步在"提升国民素质　促进人的全面发展"一篇中系统论述了"建设高质量教育体系"的内容,"高质量发展"顺势成为高等教育领域的新理念与关键词。

　　高等教育高质量发展的目标实现,与中国高等教育治理能力和治理体系的现代化具有重要联系。习近平总书记在主持召开中央全面深化改革委员会第二十三次会议时发表重要讲话强调:"要突出培养一流人才、服务国家战略需求、争创世界一流的导向,深化体制机制改革,统筹推进、分类建设一流大学和一流学科。"①2022 年 10 月,党的二十大报告提出"实施科教兴国战略,强化现代化建设人才支撑",首次将教育、科技、人才单章独列、一体部署,强调教育、科技、人才是全面建设社会主义现代化国家的基础性、战略性支撑,再次强调"加快建设高质量教育体系"的重要性。

①习近平主持召开中央深改委第二十三次会议培养一流人才服务国家战略[N].青年报,2021-12-18(A01).

　　高等教育是培养社会主义现代化建设人才的主阵地,高等教育治理与国家治理具有同构性,积极推进高等教育治理体系和治理能力的提升,对于实现社会主义现代化强国的战略目标具有深远意义。在深化改革、全面推进依法治国的时代背景下,高等教育治理也必须"秉持法律这个准绳、用好法治这个方式",唯此才能富有成效地处理各种复杂的高校治理问题,推进国家权力与高校办学自主权的协同运行,落实国家的高等教育发展政策,保护大学及其利益相关者的权利。大学章程作为高校治理的规范基础,是理论和实践的关注焦点。不断加强章程建设,完善以章程为核心的制度体系,成为实现高等教育治理体系和治理能力现代化的微观抓手。

　　诚然,随着"一校一章程"建设任务的部分试点与全面推进,大学章程的学术研究已经历了由冷到热、由热回冷的状态。但是,在"两个一百年"奋斗目标的历史交会点,结合社会主要矛盾的变化及新发展格局、高等教育面临的新机遇和新挑战,"加快建设高质量教育体系"对大学章程的建设工作提出了新的要求。在坚持走中国特色社会主义教育发展道路,充分发挥中国特色社会主义教育制度优势的同时,通过深化教育综合改革,破除各种体制机制障碍,真正实现教育现代化,建成教育强国,是当代中国大学章程建设不可忽视的时代使命。

　　中国特色高等教育制度是中国特色社会主义制度体系的重要组成部分,后者为前者提供了基本框架和内在逻辑。在新的历史方位所确立的新的目标方向下,本书将结合中国宪法中的国家高等教育制度,通过大学章程的观察视角,反思其制度定位,阐述大学章程何以发挥国家高等教育制度体系与校内规范性文件的枢纽作用,将制度优势更好地落实到实际效能上,以高等教育现代化支撑国家现代化。

目　录

绪　论

一、话题缘起

建设大学章程,是中国高等教育由"管理"向"治理"变革的重大举措。诚然,依法、依章办学的最终实现,有赖于大学章程富有成效的运行。面对当代中国大学章程实效欠佳的现状,诸多研究对比国外大学章程的发展历程与运行机制,从制度本身与制度环境等方面提供对策,以期为大学章程更好地发挥作用。然而,当前有关大学章程的批判性研究,主要以从西方的"国家—社会"关系中源发的大学自治或学术自由理念为基础。在当今世界范围内学术自由理念日益趋同的背景下,这类研究无疑具有正当性,也有助于发现现行制度存在的问题,但忽视了当代中国大学章程自身独特的观念基础与运行逻辑,使得研究结果难以充分关照现行制度背后起支配作用的基本观念。

高等教育素以传授普遍主义的知识观而享誉社会,在全球化的趋势之下,高等教育的国际属性愈发增强。在此过程中,西方的知识霸权构筑了国际社会的学术依附关系,导致非西方学者的声音很难被"主流"社会听到。① 这既不利于非西方国家本土知识体系的建构，也会消极影响一国高等教育的发展方向。譬如，评价一国高等教育的全球影响力往往依托高校的国际排名展开，但此类排名提供的指标体系并不契合中国高等教育的国情，不但无法公平公正地反映中国高校的实力，甚至会模糊中国高等教育的"发力点"，不利于"高等教育体系的水平和质量"的提升。②

2022年2月，教育部、财政部、国家发展改革委联合印发《关于深入推进世界一流大学和一流学科建设的若干意见》，指出"保持战略定力，充分认识建设的长期性、艰巨性和复杂性，遵循人才培养、学科发展、科研创新内在规律，把握高质量内涵式发展要求，不唯排名、不唯数量指标……"，提出要"优化管理评价机制，引导建设高校特色发展"，凸显出高等教育高质量发展"为党育人、为国育才"的重点指向。

针对高等教育高质量发展这一崭新的局势，学界分别从理论和实践层面，对其做出了丰富的研究。普遍认为，"高等教育高质量发展"是一种由"量"转"质"的变化，高质量发展意味着办学理念的更新、发展方式的科学化、教学质量的提升、评价体系的完善。③ 然而，已有研究尚未能就高等教育中的国家、高校与个体的关系展开充分论述。

本书认为，回答前述问题之所以至关重要，是因为高等教育制度实乃宪法上的一项国家制度。在依宪治国与依法治教的背景下，于技术操作

----

① 张扬.战后美国全球知识霸权与国际学术界的新批判浪潮[N].光明日报，2021-10-25(14).

② 杜玉波.构建高质量高等教育体系[N].中国教育报，2022-01-10(5).

③ 参见：张晋，王嘉毅.高等教育高质量发展的时代内涵与实践路径[J].中国高教研究，2021(9)：25-30；彭拥军，何盈玥.高等教育高质量发展的度[J].江苏高教，2021(8)：7-15；刘振天，李森，等.笔谈：高等教育高质量发展的系统思考与分类推进[J].大学教育科学，2021(6)：4-19；施悦琪.高等教育系统高质量发展的理论内涵与实践原则——自组织理论的视角[J].江苏高教，2022(2)：30-37.

层面落实"高等教育高质量发展"的前提,是全面理解和精准把握宪法调整下的国家结构性规律。因此,"高等教育高质量发展"必须回应这一现实问题:在稳定与发展的动态进程中,高等教育如何助力国家这一共同体的维系与壮大? 鉴于高等教育事业发展与国家发展的同构性,中国大学章程的研究更应彻底阐明其方法论前提,跳出形式主义合法性研究的窠臼,立足于"实质"的国家生活本身,通过扎实的证据展示其对高等教育高质量发展的有益性。换言之,对作为高校之基本规范的大学章程开展研究,必须在正视高等教育之结构性前提的视野下,厘清其制度定位,继而得出可靠的结论。

在国家治理转型和治理体系完善的攻坚时期,由利益冲突引发的价值争议极有可能影响尚在形塑中的新的治理结构,就此而言,让个体靠近社会主义核心价值观继而增强共同体凝聚力,是回应这一挑战的重要机制。大学章程作为国家与高校的制度联动载体,更是应当积极承担高校治理结构优化、回应大学内外价值诉求的重要功能,形成一套立德树人的濡化机制,源源不断地培养出能够扛起实现第二个百年奋斗目标的责任和使命的新时代大学生。如果大学章程能够通过制度的力量,创造出一股更大的共同体凝聚力,那么高等教育高质量发展便可由此获得强大助力,推进高等教育现代化对国家治理体系与治理能力现代化的正向作用。职是之故,在思考大学章程的制度定位之时,不应以"权力—权利"彼此对立的空间关系为思考起点,而应当思考如何强化彼此的共生关系,为高等教育高质量发展提供最为基本、深层与持久的动力。

习近平总书记指出,"高校是我国哲学社会科学'五路大军'中的重要力量",要担负起"建构中国自主的知识体系"的重任,高等教育研究要做到"方向明、主义真、学问高、德行正,自觉以回答中国之问、世界之问、人民之问、时代之问为学术己任,以彰显中国之路、中国之治、中国之理为思想追求"。① 由此可见,个体、高校与国家是一个辩证性整体,大学章程调整的是大学的真实运作流程,其运行机制必须被纳入高等教育与国家的结构性关系之中加以解读。因此,当代中国大学章程的建设与运行,亦是一个与"扎根中国大地办大学"密切相关的问题。从大学章程的运行机制入手,为前述问题提供有针对性的思路与对策,是本书的研究主旨。

二、研究述评

以"大学章程"为关键词,在中国知网数据库中搜索期刊文献,截止2024 年 8 月,所得出的总体趋势分析结果见图 1。在 2009 年之前,大学章程的相关议题并没有引起太多学者的关注,年发文量未超过 20 篇。之后几年,大学章程的研究热度持续上升,并于 2015 年迅速到达顶峰。在此期间,大学章程建设出现了如下几个关键时间节点:2010 年 7 月,《国家中长期教育改革和发展规划纲要(2010—2020 年)》明确提出,完善中国特色现代大学制度,高校应依法制定章程,依照章程规定管理学校,此后大学章程制定开始提速;2011 年 11 月,教育部颁布《高等学校章程制定暂行办法》,进一步明确了高校章程制定的原则和应规定的内容,要求全国所有高校全面启动大学章程的制定或修订工作,并将高校章程制定写入《教育部 2013 年工作要点》;2012 年,中国人民大学等 12 所高校开始试点章程建设;2013 年 9 月,教育部出台《中央部委所属高等学校章程建设行动计划(2013—2015 年)》,深入推进教育部及中央部属高等学校章程建设,加快现代大学制度建设;2013 年 11 月 28 日,教育部公布中国人民大学、东南大学、东华大学、上海外国语大学、武汉理工大学和华中师

---

① 习近平.坚持党的领导传承红色基因扎根中国大地走出一条建设中国特色世界一流大学新路[N].人民日报,2022-04-26(1).

范大学等 6 所高校章程,这是教育部第一批核准的高校章程,标志高校章程建设取得实质进展。可以说,在全国高校紧锣密鼓地制定章程期间,大学章程一直是研究热点。此后,大学章程的研究热度持续下降。2023年,大学章程的研究热度已下降至低于 2010 年的水平。数据跌宕的背后,折射出大学章程研究热度的政策导向。

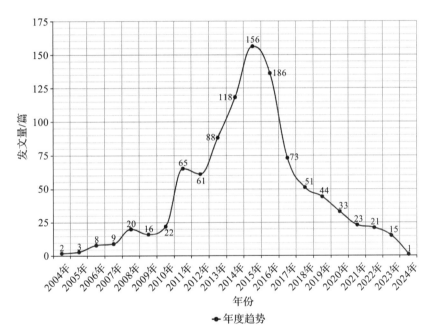

图 1　"大学章程"发表年度趋势

总体而言,大学章程的研究主要集中在以下几个方面。

1.大学章程的历史与比较研究

于我国而言,大学章程是一个"舶来品",因此,从历史、比较的视角去观察他国大学章程的发展与特点,是我国学界的一个研究热点。一方面,有学者以历史学的视角切入研究,挖掘原始资料,以求最真实地复原中世纪欧洲大学章程的样貌。例如,张弨在《欧洲中世纪执教资格的产生与演进》(2013)、《大学之名的中世纪起源与考释》(2014)、《中世纪欧洲大学的兴衰》(2016)、《中世纪大学之"学术自由"辨析》(2017)等系列文献中,做了细致的考证工作,为国内学者提供了较好的素材。这方面,亦不乏经典的外国文献,其中最为重要且全面的是英国学者海斯汀·拉斯达尔(Hastings Rashdall)编著的"中世纪的欧洲大学"(2011)丛书,作者以翔实的史料、开阔的视野,对大学的形成与发展进行了多层次、全方位的论述。此外,美国中世纪历史学家查尔斯·霍默·哈斯金斯(Charles Homer Haskins)所著的《大学的兴起》(2007)一书,通过"最早的大学""中世纪的教授""中世纪的学生"三个篇章,介绍了中世纪大学的教学活动、学术的地位和学术自由、学生的日常生活等。另一方面,在当代中国大学章程的建设初期,国内学者也投入了较多的关注在比较研究上。柯文进、刘业进在《大学章程的起源与演进考察》(2012)一文中考察了中世纪以来的欧洲和近代以来的美国的大学章程,认为大学章程与行会组织的自我权利保护有关,从大学本身而言,大学章程的主要演变逻辑是组织的制度化和规范化、大学自治和学术本位。此外,张继明的《论中世纪大学章程的源起与生发逻辑》(2014),张芳芳、朱家德的《中世纪大学特许状(章程)的特点及变革》(2010),湛中乐、苏宇的《西方大学章程的历史与现状》(2011)等文献都对中世纪时期大学章程的演变过程做了不同视角的梳理,表明大学章程从一种权威机构做出的令状,发展为内部管理体制革新的制度。

2. 大学章程的制度研究

建设大学章程的核心关切,是要建立现代大学制度,因此,如何设计大学章程制度,实现制度目标,获得了学界的关注。朱家德在《权力的规制:大学章程的历史流变与当代形态》(2013)一书中全面考察了美国、英国、德国大学内部的管理机构及大学与政府的关系,在这种"内外兼顾"的视野下,比较得出了不同高等教育传统的大学章程特征:盎格鲁-撒克逊传统大学章程注重董事会与学术参议会的横向分权以及学校—院系的纵向分权;罗马传统大学强调教师、学生、行政人员"三者同权",并在纵向上实行讲座制。张苏彤的《大学章程的国际比较:来自中美两国六校的样本》(2010)以密歇根大学、耶鲁大学、康奈尔大学、吉林大学、中国政法大学以及广东外语外贸大学为样本,从章程的篇幅与文本结构、制定与修改的程序、大学章程中对大学使命与任务、校长的职责、教授治校等方面的规定进行了详尽的比较。此外,刘承波的《大学治理的法律基础与制度架构:美国大学章程透视》(2008),于丽娟的《国外大学章程文本探析——以英国牛津大学和美国康奈尔大学为主要案例》(2009),李红伟、石卫林的《大学章程关于学术权力制约机制的规定——基于美、英、德三国大学章程的文本比较》(2013)等文献,都从比较法和比较教育研究的视角,对我国章程的建设提出了有益意见。马陆亭、范文曜主编的《大学章程要素的国际比较》(2010)选取了法国、英国、德国、美国、日本以及中国部分大学的章程,在概括各国章程的发展史和特点的基础上,对各校章程予以比较。加拿大学者约翰·范德格拉夫(Van de Graaff)的《学术权力——七国高等教育管理体制比较》(2001)一书,选取了七个国家的高等教育学术组织结构作为分析对象,论述了各国高等教育系统的特征和决策模式的变革方式。

3. 大学章程与大学治理

依章治校的目的是尊重和保护大学的发展规律,大学章程在高校治理结构中起到关键作用。不少学者对国外大学章程与大学治理之间的关系变迁,做了深入考察。对于西方国家而言,大学法人地位的确立与大学章程性质的确认有着不可分割的关系。为了维护学术自由、确保大学自治,如何将大学章程从教权、皇权手中解救出来,成了一个热点研究问题。

达特茅斯学院诉伍德沃德案（Trustees of Dartmouth College v. Wood-ward）对于确保大学自治权有着里程碑式的意义，因而也是学界的研究热点。埃德温·D.达里埃（Edwin D. Duryea）的《学术法人：学院与大学管理层的起源》（*The Academic Corporation : A History of College and University Governing Boards*）（2000）一书以达特茅斯学院案为时间节点，细致地梳理了美国大学章程的演变历史，并对大学未来的发展趋势做出了颇有建设性的剖析。此外，从历史发展的视野，揭示大学章程与大学法人之间的关系演变，也有相当丰富的研究。有关普通法对于"corporation"的探究，可以参见詹姆斯·罗宾斯（James J. Robbins）的《私法人的宪法渊源》（Private Corporation : Its Constitutional Genesis）（1939），他于此文考察了特许状与普通法国家法人（公司）之起源的联系；霍尔兹沃斯（W. S. Holdsworth）的《16—17世纪的英国公司法》（English Corporation Law in the 16th and 17th Centuries）（1922），详细探究了英国牛津大学与剑桥大学之章程的起源；约西亚·昆西（Josiah Quincy）的《哈佛大学的历史》（*History of Harvard University*）（1860）一书对哈佛大学是如何获得特许状以及特许状之性质的演变做出了详细的论述；奥斯卡·汉德林（Oscar Handlin）等人的《美国商业法人的起源》（Origins of the American Business Corporation）（1945）一文对美国的公司法人的发展史做出了回顾，并指出达特茅斯学院案对于私法人获得宪法保护有着划时代的意义。

相应的，我国大学章程之于大学法人治理的作用也得到了学者的关注。湛中乐、高俊杰于《大学章程：现代大学法人治理的制度保障》（2011）一文中提出，大学章程是大学法人制度建立的标志、大学法人设立的法律要求、大学自治的核心以及学术自由的重要保障。韩春晖、卢霞飞在《大学章程：我国大学治理模式的变革之道——以公立大学的公法人化为导向》(2011)一文中指出,大学章程是完善公立大学内部制度改善的媒介,应当致力于实现博弈双方主体地位的平等、促进规则的完善和公平。金家新、张力在《大学章程在大学法人化治理中的价值向度与法律限度》(2014)一文中指出,大学章程通过对举办者、办学者及其他利益相关者的意志与权利进行确认,并对各相关权利主体进行制度性的规约,起到了理性化的价值引导与依法治理的保障作用。

与此同时,学界清楚地意识到,大学章程的作用受其法律地位和国家管理体制的影响。

一方面,对中国大学章程的建设而言,学界的关注点在于大学章程将如何改变大学行政化的现状。因此,将大学章程嵌入高等教育现代化、依法治校、办学自主权、现代大学治理等话题下进行讨论,是较为主流的研究范式。张文显、周其凤在《大学章程:现代大学制度的载体》(2006)一文中指出了大学章程在构建现代大学制度当中的关键作用,大学章程应当以确立和明晰学校内部治理结构与管理体制、遵循和彰显以人为本的核心理念、彰显和渗透现代大学精神为价值归依。相关论点在很大程度上影响了我国大学章程后续的研究。

另一方面,厘清大学与大学举办者之间的关系,被认为是推进大学章程建设的重要前提。有学者认为,大学章程作为大学与举办者之间的组织性契约,是明确当事人在组织中的权利义务关系以及组织机构运行模式的意思表示。米俊魁在《大学章程法律性质探析》(2006)一文中指出,大学章程不仅规定了学校举办者的权利和义务,也涉及大学教职员工和学生的权利和义务,一旦进入大学就表明成员接受这一"契约"。姜国平在《论公立大学章程的行政契约性质》(2014)一文中提出了公立大学章程为"行政契约"的观点,他认为"政府以平等的私法主体身份,与公立大学通过自主协商达成协议,确定两者的权利义务内容"。

也有学者特别强调大学章程的自治规范属性,这种观点又可进一步分为私法性自治规范和公法性自治规范。持私法性自治规范观点的学者,通常将大学章程类比于公司章程,如王国文、王大敏在《学校章程的法律分析》(2003)一文中指出,国家法律决定学校这一主体的权利和义务,而大学章程旨在将学校法人的权利和义务落实到具体的个人身上,以细化上位法的规定。即便公权力有介入大学章程的空间,但是它并不否认学校章程的自治规范地位。持公法性自治规范观点的学者,则将大学章程视为类似抽象行政行为的文本,陈学敏在《关于大学章程的法律分析》(2008)一文中提出"大学章程无疑是一种自治规章,但它可作为对国家行政法的具体化和补充,应当说,它是具有行政法性质的";湛中乐、徐靖在《通过章程的现代大学治理》(2010)一文中指出,"公立大学章程是自治法中的具有行政法特征的一种抽象行政行为";李志雄、吴美琴《中国公立大学章程的法律性质探析》(2017)一文中指出,法律规范的性质取决于其所调整的社会关系,而我国公立大学章程主要调整行政法律关系,因而具有公法性。还有学者围绕高校办学自主权或者科学研究自由,来说明大学章程的重要性。陈伟在《办学自主权:高等学校治理的中国创制》(2022)一文中指出,结合中国大学自主办学的特点,大学章程能够发挥程序性控权的作用。张江琳、徐伶俐在《现代大学制度:学术权力回归的必然逻辑》(2021)一文中指出,大学章程应当成为学术自由和大学文化精神的保障机制,成为规范高校管理制度的统领,但中国大学章程仍有所欠缺。伏创宇在《高校校规合法性审查的逻辑与路径——以最高人民法院的两则指导案例为切入点》(2015)一文中指出,大学章程源自学术自由这一宪法权利,既非来自国家授权,也非源自大学自治,大学章程实属是对作为基本权利的学术自由进行重要保障的手段。

4.大学章程的发展问题

随着大学章程建设工作的完成及大学章程首次修改的启动,大学章程的修改与发展成为当下的研究热点。张冉、王舒、马梦云在《大学章程中的修订条款研究——基于对"985"大学章程文本的考察》(2016)一文中,从大学章程修订的原则、启动、程序等方面,对38份大学章程修订条款做出了文本分析,指出了其存在的程序正义及合理性缺陷。赵玄在《章程修改:中国特色大学章程建设新常态》(2022)一文中,系统分析了北京大学等11所一流大学首次修改章程时在修改幅度、修改内容、修改依据和修改质量等方面的成效,并对大学章程存在的内容重复、违法修改、表达失范、明显错误等问题做出了剖析,着重强调了大学风格展现不足的实质性缺陷,并对通过内部修改和外部核准程序以提升章程质量和权威的方式做出了详细探讨。此外,赵玄在《论大学章程修改的核准——基于教育部对13所大学章程修改批复的分析》(2020)一文中,对大学章程修改的核准方式的优化做出了系统论述。

三、研究方法

1.法社会学分析

社会学制度主义理论强调个人是嵌入社会中的,所以其行为必须符合社会适当性。该理论为本书展开当代中国大学章程的研究提供了一种外部视角。制度学派对组织现象的关注主要包括三点:第一,经济学中的效率规则并不能解释现代社会各类组织之间的趋同性;第二,组织为何愿意花费很大的资源,去做与其内部效率运作无关的事;第三,组织费心制定的制度往往会被束之高阁,无法得到有效的贯彻实施。① 这些问题的出发点与关切点,对理解当代中国大学章程在运行中所面临的问题颇具启发性,也为本书从宪法视角理解大学章程的制度定位问题,奠定了现实基础。

2.规范分析

法学以规范为核心,本书主要应用规范分析的方法来解释国家高等教育制度。需要说明的是,本书以宪法整合理论为宪法解释的方法论原型。该理论指出,国家并非一种空间化的、以目的为导向的静态实体,而是一种精神共同体,故作为国家法的宪法,必须对个体与共同体的精神交互过程予以充分关注,因为个体是通过他者来认识自我的,个体只有经历、体验到国家,才具备参与国家生活的能力,而这一过程同时赋予国家以实在意义。② 宪法的特有价值是以"明定国是和取信于民"为特征的整合价值,宪法的首要职责是在不断更新的国家生活进程中,激发、引导公民凝聚为一个精神共同体。以整合价值为引导,宪法对包括高等教育在内的各领域形成了一种精神指引,故应以建构性的视角来理解国家高等教育制度。对大学章程研究而言,此种宪法解释方法能够在合法性逻辑之外,为理解当代中国大学章程提供更为全面的认识视角。

3.比较研究

"一切认识、知识均可溯源于比较。"③比较法的经验基础在于"每个社会的法律在实质上都面临同样的问题,但是各种不同法律制度以极不

---

① 周雪光.组织社会学十讲[M].北京:社会科学文献出版社,2003:68-69.
② 斯门德.宪法与实在宪法[M].曾韬,译.北京:商务印书馆,2020:15-18.
③ 茨威格特,克茨.比较法总论[M].潘汉典,米健,高鸿钧,等,译.北京:法律出版社,2003:1.

相同的方法解决这些问题,虽然最终的结果是相同的。"①对西方大学章程的运行实践进行观察与总结,将有助于我国大学章程的反思与完善。但是,比较法的研究亦需要注意其应用风险,若是忽视大学章程在制度环境中的差异,直接将他国的制度作为评价的标尺,便会错置研究的基点,遑论提出正确可行的建议。因此,带着"西方国家为何这样规定"这一问题进行比较研究,才能将他国经验为我所用。

四、章节安排

第一章从历史与比较的视野,对西方与中国的大学章程发展历程做了介绍。本章将中世纪的大学作为研究起点,追问了特许状时代大学章程的形式、内涵及其效力,并在此基础上,依照不同的类型化方式,描述了西方大学章程的发展特点:在以美国为代表的盎格鲁-撒克逊传统高等教育体系之下,大学章程表现出较为鲜明的"权利—权力"分界线的特点;在以德国为代表的罗马传统高等教育体系之下,大学章程的有效运作依赖于学术自由之基本权利功能体系的发挥。同时,本章讨论了从古代、近代至当代的我国大学章程的发展历程,以期为中国高校"按章程办学"提供历史注脚。

第二章是对当代中国大学章程实施状况所做的评析。随着大学章程建设工作的推进与完成,大学章程的运行实效成为学界关注的重点。本章从大学成员对大学章程统领下的制度体系的认同、大学章程所设置的大学结构体系的合理性、大学章程在维护和保障大学成员权利上的制度力量三方面,在文献阅读、问卷调查和深度访谈的基础上,总结了大学章

---

①茨威格特,克茨.比较法总论[M].潘汉典,米健,高鸿钧,等,译.北京:法律出版社,2003:46-47.

程运行存在的困境。而后,本章对大学章程实施困境的成因做了梳理和总结。从法社会学的视角来看,大学章程的运行实效欠佳与我国大学章程所处的制度环境有关。然而,相关结论并未关注到我国宪法所蕴含的国家高等教育制度的深层运作逻辑及其对中国特色大学章程的影响。本章提出这一问题,为后续的分析做了铺垫。

第三章是对大学章程制度定位的反思与构建,本章为全书奠定了方法论基础。首先,本章分析了大学章程研究中所包含的"既定的"基本权利保障意识,并指出经典宪法理论所描摹的"保障个人权利、限制政府权力"的宪法功能与我国宪法基本权利功能体系存在的偏差,继而指出方法论更新的必要性与可能性。其次,以宪法整合理论作为方法论原型,本章从宪法内蕴、实质价值和规范结构三方面,对中国宪法上的国家高等教育制度做了阐释,确立了高等教育系统在国家治理体系中的地位。最后,在宪法规范分析的前提下,本章对当代中国大学章程的制度定位做出了重构。

第四章对大学章程的价值凝聚机制展开了具体论证。在高等教育高质量发展阶段,价值凝聚是重中之重。首先,高等教育高质量发展要求更好地落实立德树人的使命,因此,大学章程应着力将立德树人与社会主义核心价值观做有机融合。其次,高等教育高质量发展应当更好地保障公民的基本权利,与时俱进地满足大学成员对大学最真切的需求,推进利益相关者对高等教育制度的理解和感受,以达成巩固大学章程制度认同、推进高等教育现代化的效果。最后,大学的风格往往蕴含于象征符号之中,因此,大学章程应当重视将办学理念、历史文化等能够体现大学风格的显性因素加以表达,还应当注重将校徽、校歌、校庆日等象征条款形成一个整合机制,激发大学成员的认同感与归属感。

第五章对大学章程的民主合意机制展开了具体论证。大学的利益相关者通过特定的程序或方式,直接或间接地参与到大学的运行之中,参与到大学这一共同体的真实生活之中。在此过程中,得益于民主的力量,他们对大学的价值观念与真实生活产生了具体的认知与感受,激发起了心理认同的精神效应,这种效应最终能够影响到他们对大学自身及大学制度的认同。鉴于当下我国各所高校已基本完成了"一校一章程"的建设任务,大学章程的修改程序成为民主合意机制的主要载体。本章以一流大学建设高校的大学章程修改条款为制度分析样本,指出其在实现民主合意方面存在的不足,并从大学章程修改制度的自身完善、大学章程修改的宣传报道以及大学章程修改的核准监督三方面,提出了相应的完善建议。

第一章　大学章程的发展历程

　　追溯现代大学的诞生之源,大学的教育发展与大学的自我管理密切相关。随着中世纪欧洲大学的发展壮大,世俗王权、教皇势力以及地方权力纷纷注意到了大学在知识传播上的重要性,产生了不同势力竞相角逐的局面,继而逐渐形成了以大学章程为基本制度的高校治理体系。可以说,西方的大学章程历经几百年变迁,发展出一套较为成熟的制度体系,生成了诸如大学自治、学术自由、依法治校、教授治学等价值观念,成为人类文明进步所取得的共同成果。与此同时,我国的大学及大学章程表现出了与西方迥异的发展路径。20 世纪 50 年代初,在苏联教育体制的影响下,我国高等学校的办学方式发生转轨,大学章程的发展进程由此趋缓。计划经济时代,大学事务多由政府统一计划,大学章程实无存在与运行的空间。随着社会主义市场经济体制的逐步确立以及依法治国战略的稳步推进,大学章程之于高等教育的重要性重新获得凸显。因此,从历史的视角对大学章程展开比较研究,可以深入了解大学章程如何与大学治理的结构演变、学术权的保障发展及大学成员的权利保障等联系在一起,继而对中国的大学章程与依法治教的关系形成更具主体性的理解。

一、西方大学章程的发展历程

回溯历史,大学章程发轫于西方,是大学与教权、皇权博弈的产儿,是法人对内部事务享有自治权的依凭。但由于不同的高等教育系统有着外部控制差异,故不同国家的大学章程作用方式也表现出不同。有学者将西方现代大学区分为"盎格鲁-撒克逊传统大学"与"罗马传统大学"两类,前者以英美国家为代表,这些国家的大学更为强调市场和自治力量在大学治理中所发挥的作用,后者则集中于多数欧洲大陆国家,这些国家的大学强调政府参与大学治理的优先权。① 本部分以美国和德国为典型个案,分析两类高等教育系统大学章程的发展历程,总结不同系统下大学章程运行的共性与特性,提炼出其制度定位与相应的作用方式。

(一)盎格鲁-撒克逊传统的大学章程

盎格鲁-撒克逊传统的高等教育体系具有较强的社会法团主义传统和大学自治传统,它们更关注和重视大学自我规制和社会集体规制的作用。② 在这些国家,并不存在与中文的"大学章程"严格对应的特定文件,它们主要采用包括总纲式的设立文件及具体的组织文件在内的复合型章程。

---

①周光礼,朱家德.大学章程与大学治理:国际比较与策略选择[M]//湛中乐,徐靖.通过章程的大学治理.北京:中国法制出版社,2011:238-245.
②王思懿.迈向"混合法"规制结构:新公共治理范式下高等教育系统的变革趋势——基于美国、英国、新加坡三国的分析[J].中国人民大学教育学刊,2017(2):38-49.

1. 起源：作为特许状的大学章程

欧洲中世纪主要采取地方分权制，并无独大的中央集权组织。[①] 当时的西欧社会正处"弱政治"时期，拥有最高政治权力的封建王权几乎无法行使控制、整合社会的功能。在相对松散的环境下，城市逐渐出现了经济自治的框架。自由、敢于冒险的商人开始修建永久性的商业据点，企盼自由的农奴和手工业者纷纷涌入商人初建的城市。随后，以各个城市为基础的市民社会逐渐形成。经济的发展与行业利益的保护总是相辅相成的，最初的行会(Guild)正是为了保护行业利益而设，随后，行会的权限逐步拓展。在设立宗旨的引领之下，行会表现出了行业垄断性、高度自治性、职业同质性等组织特征。[②] 1099 年出现的同业公会(Craft Guilds)，就是手工艺者们对抗领主的侵略压迫而组成的组织。这一组织不仅可以维护共同利益，同时也具有传承技艺的专业职能，它不只是利益团体，更是教育机构。为了促进行会技艺的进步，同业公会进而设立了行会学校，一方面提供技艺方面的教育，另一方面提供一般文化的熏陶，以正规的教学取代个别学徒制。

从 11 世纪末到 13 世纪，西欧各地陆续上演"城市公社革命"，以对抗领主实现城市自治。自治城市发展为一股可以与教会、国家相抗衡的力量，由此为大学的兴起提供了温床。一方面，城市拥有便利的交通，学生前往城市学习的客观阻力大幅减小；另一方面，城市居民可以向学生提供足够多的房间，以作为住处抑或是授课场所；此外，学生更是可以依据自己的消费水平，在城市购置物品或谋求兼职，完善自己的生活。12 世纪

---

①滕春兴.西洋教育史：中世纪及其过渡世代[M].新北：心理出版社,2009:31.
②缪榕楠.学者行会的成员资格——中世纪大学教师录用的历史考察[J].教师教育研究,2007(2):62-67.

初,受优秀的师资及浩瀚的知识的吸引,大量学生从欧洲各地云集于博洛尼亚学习法律知识。虽然大学的成立离不开城市的环境,但两者免不了产生经济纠葛。为了保护自身免受当地市民的侵犯,学生们效仿经济领域的行会,亦形成了组织,合力对抗哄抬房租及生活必需品价格的行为。① 这些与行会类似的学者型社团,就是大学的原型。"世界上最古老的四所大学,即博洛尼亚大学、巴黎大学、牛津大学和蒙彼利埃大学,都是在没有获得权威许可的情况下自发出现的。"②以博洛尼亚大学和巴黎大学为例:12世纪末,外国学生自发组织起了"同乡会"(Natione),这一由异邦学生组成的社团就是博洛尼亚大学(University of Bologna)的开端;13世纪初,巴黎的教师们为自己和学生的利益创建了一个社团,随后成为巴黎大学的雏形。

1158年,腓特烈一世为保护博洛尼亚大学的异邦学生免受侵害而颁布的《安全居住法》(Authentica Habita),被誉为"中世纪建校的基础性章程"③,该法规定:"经过主教、大寺院主持、公爵、伯爵、法官和我们神圣宫殿中其他贵族对这一问题缜密考虑之后,出自我们的虔诚,对为学习而来的学生特别是神学和宗教法的教授给以特权。就是说他们(包括本人和他们的使者)可以平安地到学习的地方并安全地住在那里……保护他们免受任何伤害……这一法律普遍且永远有效……"④《安全居住法》主要包括四方面的内容:其一,特定人员享有类似于神职人员的豁免权和自

①哈斯金斯.大学的兴起[M].王建妮,译.上海:上海人民出版社,2007:7-8.

②范佳洋.大学章程的法律性质:行政权力的延伸抑或自主立法?[J].时代法学,2018(6):46-54.

③拉斯达尔.中世纪的欧洲大学——大学的起源:第1卷[M].崔延强,邓磊,译.重庆:重庆大学出版社,2011:105.

④克伯雷.外国教育史料[M].任宝祥,等,译.武汉:华中师范大学出版社,1990:169-170.

由;其二,出于学习目的,特定人员享有自由迁徙的特权;其三,特定人员
豁免于报复性行为;其四,学生由教师或主教法庭进行审判,而不能由地
方法庭进行审判。① 由此,《安全居住法》为学者们享有的自由与豁免提
供了制度依据。

从《安全居住法》的颁布过程可以看出,在中世纪,大学章程与统治者
是密切相关的。实际上,中世纪的大学章程几乎都是以谕诏、特许状或官方
文件的形式出现的。1224 年,罗马帝国的皇帝腓特烈二世(Frederick Ⅱ)颁
发谕诏,决定组建那不勒斯腓特烈二世大学(University of Naples Federico
Ⅱ),并正式将那不勒斯大学纳入皇权的庇护;1233 年,图卢兹大学(Univer-
sity of Toulouse)获得的谕诏也明确体现了教皇对大学的庇护;1243 年,萨
拉曼卡大学(University of Salamanca)的创始人斐迪南三世(Ferdinand Ⅲ)在
授予大学的官方文件中,做出了保护师生及其随从的承诺。之后,蒙彼利埃
大学、博洛尼亚大学、巴黎大学亦分别于 1289 年、1290 年、1292 年获得了授
予其特权的官方文件。

中世纪大学章程的内容主要是确认大学在经济和法律方面享有的特
权。在经济方面,大学成员通常能够豁免于缴纳费用、税收和关税的义
务,还能够豁免于参与义务性劳动。至于法律方面,大学成员享有的特殊
待遇即他们不能在普通法庭受审,与之有关的法律事务全部交由教师依
据教会法处理。此外,大学章程还让中世纪的大学在某种程度上破除了
君权神授和世袭君主制的权力理念。同时,中世纪的大学章程也确认了
大学在学术方面的特权,其中最主要的就是授予大学通行执教资格(li-
centia unique docendi)。执教资格最早是由罗马教廷控制的,在 12 世纪

---

①Ridder-Symoens H D. A history of the university in Europe:Universities in
the middle ages[M]. Cambridge:Cambridge University Press,2003:78.

之前,教会几乎垄断了西欧的教育。然而,随着大学的成熟,教师们逐渐开始要求拥有更多的权限。在大学的抗争与努力之下,1213 年,教宗英诺森三世(Innocent Ⅲ)将考核和评判教师的权限,从地方教会之手转移至巴黎大学。英诺森三世规定巴黎圣母院的总务长只负有颁发执教资格的职权,而大学享有对新教师的教育、甄选和考核权限。到了 1233 年,教宗格里高利九世(Pope Gregory IX)在图卢兹大学的特许状中明确规定"凡自该图卢兹大学任意学科内通过考试并获得许可之学人,即享有于各地(ubique)执教(regendi)之自由权利(liberam potestatem)而无须再行任何考试"①。从此之后,授予大学通行执教资格亦成了特许状的基本内容,大学因此拥有了学术特权。

　　虽然在中世纪,大学经教权或皇权的认可并被授予章程后,就享有一定的特权,如颁发盖有印章的证书、以自己的名义提起诉讼并自己制定章程要求成员服从②,但这些特权并不能让其成为一个独立于权威机构的实体。主要原因有三:其一,虽然章程赋予了大学一定的特权,但只有当大学与外部权力发生争执或大学内部产生纠葛之时,教皇才会支持大学的特权;其二,章程并不能反映大学的意志,教皇只是单方面地对教学、教师薪水以及学生管理等事项做出规定③;其三,章程所赋予的权利是脆弱的,权威机构拥有任意变更或忽略章程的权力。此外,由于中世纪大学章程的制定主体是权威机构,其旨在推进"正确的"信仰或是促使大学更好地为政权服务,因此大学章程主要处理的是权威机构与大学的外部关系,

---

①张弢.欧洲中世纪执教资格的产生与演进[J].世界历史,2013(3):77-91.

②拉斯达尔.中世纪的欧洲大学——大学的起源:第 1 卷[M].崔延强,邓磊,译.重庆:重庆大学出版社,2011:17.

③吕埃格.欧洲大学史:中世纪大学[M].张斌贤,等,译.保定:河北大学出版社,2008:124.

至于大学内部的学院、同乡会、学舍等大学分支机构，虽然其享有一定的自治权，但这些内容几乎没有在章程中涉及。

总体而言，特许状将源自行会的学者社团转变为类似"法人"的独立组织，令中世纪的大学散发出了独立气息，但是，因为特许状的获取依靠权威决断，故大学的独立教学环境依旧未得到法律保障。

2.大学章程作为政府介入大学的界限

根据英国普通法传统有关"法人"的规定，成立大学的先行条件是获得政治权威的认可。在1612年的"萨顿医院案"中，科克大法官明确指出法人的第一要素是获得合法权威的认可，换言之，法人必须是依据或经由普通法、议会、皇家特许状或惯例创立的。[①] 如果没有权威的许可——无论是明示、推定或是默示——就不得创立法人。由于英国大学的法人身份受制于权威的认可，因此，大学章程也在很大程度上受到政治力量的影响。以剑桥大学和牛津大学的章程为例，它们均授予王室在监察和管辖大学法人方面的特权。由此，王室通常以法令的形式，对大学行使具有排他性的监察权。并且，王室有权修改甚至取消作为特许状的大学章程。例如，在1570年，伊丽莎白女王向剑桥大学颁布了章程(*The Elizabethan Statutes*)，该章程重申，由于英国大学是依据王室颁发的特许状设立的，因此国家亦有权将特许状撤回。1636年，时任坎特伯雷大主教兼牛津大学校长的威廉·劳德(William Laud)以自己的名义向牛津大学颁布了章程，该章程将大学的管理机构交由王室委任的学院领导人来负责，进而为王室介入大学事务的运作提供了依据。

①Davis J P. Corporations：A study of the origin and development of great business combinations and of their relations to the authority of the state[M]. New York：Capricorn Books，1961：210.

追随英国法的传统，美国殖民地学院的章程在本质上也是政治权威对学院合法身份的确认，是学院行使法人权利的制度依据。殖民时期的大学章程并不拥有自治的内涵。囿于英国法的内容限制，法人必须在权威的监督下履行公共和慈善的使命。因此，殖民统治者和立法者并不认为学院是独立于权威控制的私人机构，相反，他们认为学院类似于政府的分支机构。因而有学者认为，当时的法人"只是一个准政府机构，其设立宗旨即为了促进公共或国家福利，而无关私人利益"①。鉴于章程是由权威机构授予的，因而权威机构也有权终止授权。

由于长期远离英国，殖民时期美国的法人制度做出了自己的改变。具体而言，殖民者认识到，若将各类组织法人化，则可让不同的人基于共同利益而集合在一起。法人章程则可以对成员起到具体的、有效的约束，从而，每名成员对法人负有相同的义务，他们因法人章程而互相约束。因此，殖民时期的美国学院并非政府的组成部分，而是独立的实体。总体而言，殖民时期的美国学院具有两大特色：其一，教育与政府分离，但政府对教育负有责任，且学院必须在自治与公共问责之间保持平衡；其二，由私人组成的董事会是学院的权力机关。②

此外，章程也逐渐摆脱了政治权威的色彩，这主要体现在章程的获取方式以及章程的内容上。一方面，英国的权威机构不再是颁布学院章程的唯一主体，如耶鲁大学的设立就是由康涅狄格州议会确认的——州法院批准了设立"大学学院"（Collegiate School）的法案，并授权十名牧师作为法人的托管人、合伙人或者承担人，他们有权管理大学的内部事务，也

①Livermore S. Early American land companies：Their influence on corporate development[M]. New York：The Common-wealth Fund，1939：9.

②Duryea E D，Williams D T. The academic corporation：A history of college and university governing boards[M]. New York：Taylor & Francis Group，2000：55.

有权获得和持有财产。另一方面,章程的内容也分散了大学的管理权。通过法人章程,美国的学院将管理权授予了一个独立于政治力量的私人团体,由该团体来履行对学院发展而言至关重要的职能。

自美国的大学章程从英国的权威力量中独立出来之后,如何处理政府与大学之距离问题,则成为美国高等教育亟待解决的问题。从殖民地晚期到1812年英美战争期间,殖民地政府及大学所在地的州政府,皆与大学发生了不少矛盾。虽然矛盾的缘由各不相同,但解决方式不过三种:其一,通过政治途径(主要解决方式);其二,通过法律程序;其三,打拖延战。[①] 通常而言,法律程序被认为是最为公正的处理方式。不过,在处理政府与大学的关系时,法院虽承认大学是一个独立机构,但同时亦认可立法机关拥有修改特许状的权力,因此,大学自治并未获得充分保障。例如,1812年,立法机关在未经哈佛大学的同意下擅自修改了特许状,而哈佛大学督学委员会(Board of Overseers)对此表示默许,他们投票决定不走法律程序来处理这一问题。[②]

1819年的"达特茅斯学院案",令大学章程具有了独立于政府的法律效力。在本案中,首席大法官约翰·马歇尔(John Marshall)认为大学法人与州政府之间的特许状实为一项契约,争议双方应当依据契约的规定来解决问题,因此新罕布什尔州修正达特茅斯学院的特许状的行为是违宪的。"达特茅斯学院案"虽然没有彻底消除长达两个世纪的殖民统治的影响,但该案令美国的法人概念在职能和宗旨方面都有了比英国更为宽

---

①Campbell B A. Social federalism: The constitutional position of nonprofit corporations in nineteenth-century America[J]. Law and History Review,1990(8):149-188.

②Quincy J. History of Harvard University[M]. Cambridge: John Owen,1840:301.

泛的内涵。美国法院支持法人对内部事务享有自治权,并认为所有获得证书的法人都拥有特权而无须获得政府的庇护。因而有学者评价道:"直到 1819 年马歇尔和斯托里两名大法官确认特许状实为受联邦宪法保护的契约,大学法人才有了反对立法干预的正当理由。"①

达特茅斯学院(Dartmouth College)是美国殖民地时期最后建立的一所学院,是牧师以利亚撒·惠洛克(Eleazar Wheelock)于 1768 年在慈善学校的基础上建立的。1769 年 12 月,新罕布什尔殖民地总督以英国国王乔治三世(George Ⅲ)的名义向学院董事会颁发了特许状,允许达特茅斯学院在新罕布什尔的土地上建校。特许状明文规定了授予学院的权利及其行使方式,规定了董事会的人数及其权责,并宣布以利亚撒·惠洛克为创始人,授予其依据遗嘱确立继承人的权利。1779 年,以利亚撒·惠洛克去世后,其子约翰·惠洛克(John Wheelock)继任为该校校长。

"达特茅斯学院案"的争议源于继承人约翰·惠洛克校长和达特茅斯学院董事会之间的矛盾,这种矛盾激化为一种政治冲突。达特茅斯学院的董事会是受当地当权的公理会和联邦党人所支持的,而学院的改制是由民主共和党所发起的。② 1815 年,董事会以小惠洛克无法胜任工作为由,撤去了他的校长职位。1816 年,民主共和党在竞选中获胜后,新罕布什尔州即颁布了《修正特许状并扩大、提升达特茅斯学院法人地位法案》(An Act to Amend the Charter and Enlarge and Improve the Corpora-

---

①Handlin O, Handlin M F. Origins of the American business corporation[J]. The Journal of Economic History,1945(1):1-23.

②随着杰斐逊在 1801 年上台,联邦党在全美范围内成为一个实力较弱的少数党,该党对包括新罕布什尔州在内的新英格兰地区的控制,也受到了民主共和党的削弱。1816 年,民主共和党在总统和国会的选举中取得压倒性胜利,这标志着联邦党作为全国性政党的终结,也标志着新英格兰地区源自创始清教徒的公理制管理体制的消亡。

tion of Dartmouth College），根据该法案，小惠洛克重获管理地位。同时，该法案将"达特茅斯学院"更名为"达特茅斯大学"，增加了董事会的人数，增设了由州任命的监督机关，并对其管理模式做出了彻底的改变。学院董事会坚决反对该法案的实施，并于 1817 年向法院提起了诉讼。新罕布什尔州法院审理了该案，并认为争议的焦点在于：州议会通过法律变更学院特许状的内容，此举是否违反了州宪法？在经历了初审和上诉审之后，新罕布什尔州高等法院做出了支持州议会的判决，认为如果某法人所享有的特权皆以公共目的为本源，那么它就是公法人，它对公众是有现实益处的，因此州议会有权对其特许状做出修改。

学院董事会不服判决，随后将案件上诉至联邦最高法院。马歇尔大法官并不认同教育是完全掌握在政府手中的。鉴于达特茅斯学院最初是由私人捐赠的财产为基础成立的，马歇尔大法官援引英美的宪政传统"私有财产是自由和分权的体现"，来对抗政府权力的不当干涉。所以联邦最高法院得出了不同于州法院的意见，认为案件的争议点是：州议会通过的法律是否违反了联邦宪法？首席大法官马歇尔认为，创设达特茅斯学院的特许状具有契约性质，因此法院需要做的是明确这类契约是否受宪法保护。换言之，法院应当解决的问题是：依据美国宪法，新罕布什尔州是否有权变更或终止依法授予的且得到接受者履行的特许状？对此，联邦最高法院认为特许状属于受联邦宪法保护的契约，并且认为州议会颁布的法案损害了这一契约。马歇尔大法官指出，英国王室曾与达特茅斯学院就捐赠财产的用途和管理模式达成了一定的协议，这些协议在 1769 年达特茅斯学院获得的特许状中得到了明示或默许，因而该特许状显然是一份契约，原始捐赠者、受托人和王室是原始契约的当事人。联邦最高法院认为，特许状属于宪法意义上的契约，而新罕布什尔州对特许状做出的修正，改变了原来的契约制度，不合理地损害了原有的权利义务关系。

联邦最高法院的判决对确认法人在内部事务上的自主权是有重大意义的。此前,受英国法人传统的影响,"法人的公共属性是通过特许状而被赋予的。无论自由结社的传统多么有生命力,法官也只会以机械地重复特许权理论作为回应……这是因为法官巧妙地将自身的主观想法隐匿于法律之中,并由此将权威认知'植入'(bootlegged)法律……在英国国内,除了慈善事业外,他人无权依据一般法律而创设法人"①。可以说,"达特茅斯学院案"进一步表明,虽然大学的宗旨是服务公众,但这并不影响它成为一个在法律上与政府分离的、获得特许权的机构。至此,大学章程也被正式确认为政府干预大学的制度边界。

3. 大学章程接受法律的监督

1844 年,《合股公司法》终结了特许状的使命,受公司法律制度及信托法律制度的影响,特许状不再被视为王权与合法性的象征,而成为与公司法人章程抑或信托制度相类似的制度,主要用以规范大学的内部组织机构与运行方式。② 随着特许状的式微,大学内部的规则体系逐渐发达,由此,美国大学复合型章程体系逐步成型。③ 波士顿大学的章程体系就是一个典型,其中特许状(charter)、规章(statutes/acts)和章程(by-laws)共同构成了法律位阶由上至下的、内容逐步详细的复合型大学章程。具体而言:charter 是马萨诸塞州于 1867 年向波士顿大学颁布的,旨在使波

---

① Robbins J J. The private corporation: Its constitutional genesis[J]. Georgetown Law Review,1939(28):165-183.

② 范佳洋. 大学章程的法律性质:行政权力的延伸抑或自主立法?[J]. 时代法学,2018(6):46-54.

③ 有学者对美国大学章程有关的法律文件,做了颇具启发意义的辨析。参见:张冉. 美国大学章程的类型化分析及其对我国高校章程制定的启示[M]//中国教育法制评论(第 9 辑). 北京:教育科学出版社,278-293.

士顿大学的受托人法人化;规章是州议会向波士顿大学颁布的各项法案,旨在确认波士顿大学的独立法律地位及相关权利;章程是波士顿大学董事会制定的,主要规定了受托人、官员、各委员会等重要权力机构的构成、选拔方式及议事规则,还规定了学术事项的基本运行框架。①

虽然大学章程确认了大学的独立法律地位,但这并不意味着大学可以豁免于政府的监督。实际上,美国各州的公立大学,根据法律地位的不同,须接受不同层级的法律监督。具体而言,州政府可以依据州宪法或其他州法来设立公立大学。依据州宪法设立的公立大学的法律形式主要包括四种:"公立信托"(public trust)、"自治大学"(autonomous university)、"宪法大学"(constitutional university)或"宪法法人团体"(constitutional body corporate);依据其他州法设立的公立大学的法律形式主要包括三种:"州立机构"(state agency)、"公法人"(public corporation)或政府的"分支机构"(political subdivision)。② 总体而言,依据州宪法设立的大学比依据其他州法设立的大学享有更大程度的自治权,比如,依据州宪法成立的大学一般不受制于州行政法管辖,而依据其他州法设立的大学,则不得豁免于相关法律的规范。不过,这并不意味着依据州宪法设立的大学,能够完全豁免于州政府的管辖。例如,以公立信托的法律形式设立的大学,其受托人必须依据州法和信托文件,履行特殊的信托义务,并依据公众的教育利益来妥善管理、经营信托财产。

相较于公立大学,州政府对私立大学的管理权受到更多的限制。在

---

①Charter, Statutes & By-Laws[EB/OL]. [2020-04-14]. https://www. bu. edu/trustees/boardoftrustees/charter/.

②Kaplin W A, Lee B A. The law of higher education: A comprehensive guide to legal implications of administrative decision making[M]. 4th ed. San Francisco:John Wiley & Sons,2006:1253-1257.

"达特茅斯学院案"之后,美国私立大学的独立法人地位得到了确认。然而,"达特茅斯学院案"并没有剥夺州政府监管其所创办的私法人的权力,只是限制了立法机关在解释特许状时的权限。至于司法机关应当如何适用"达特茅斯学院案"确立的原则,即如何适用契约原则来解释特许状,最高法院于 1906 年在"布莱尔诉芝加哥市"一案中做出了说明:"所有对抗政府的权利都必须得到明确的界定,而不得采用推论或假设的方式;如果特许状对某项权力保持沉默,则该项权力就不存在。"①在"达特茅斯学院案"之后的案件中,司法机关亦遵循了严格解释的方式。随着时间的推移,法院越来越重视政府维护公共利益的义务,政府甚至拥有"谨慎监管"的义务,以确保受托人履行诚实管理的义务。政府与大学关系的变迁,对特许状主要产生了两方面的影响:其一,通常而言,立法机关会在特许状中明确限定董事会的活动范围,这样一来,就超出范围的事务而言,州政府的主导地位并没有发生变化;其二,政府可以在特许状中规定保留条款,保留修正、更改和撤销特许状的权力,并在不减损合同义务的情形下行使保留的权力。② 当然,政府的保留权力并非无所限制,州政府在依据保留权力对管理做出更改时,必须以不得侵犯大学的特色化规定或大学的主要目标为限。

简言之,虽然大学章程及其他由大学自主制定的规则属于大学行使自治权的表现,但是,相关制度的调控对象不得超出其自治权限范围。一旦调控对象进入法律规制的范畴,那么大学章程亦不得排除法律的管辖。

---

① Blair v. Chicago,201 U. S. 400,1906.

② Duryea E D,Williams D T. The academic corporation:A history of college and university governing boards[M]. New York:Taylor & Francis Group, 2000:150.

（二）罗马传统的大学章程

罗马传统的高等教育体系主要有三个特点：第一，高等教育属于国家体制，大学并不能豁免于政府管辖，如大学的经费大部分来自政府拨款；第二，政治系统与教育系统不严格区分，教师一般具有公务员身份，政府拥有人事方面的管理权；第三，教育领域的国家色彩较为浓厚，国家对大学课程拥有较为深入的管理权限。① 因此，大学章程与国家立法的关系更为接近下位法与上位法的关系。

1.立法确认大学的法律地位和基本结构

"法人"是法律对社会中客观存在的团体的拟制，法人地位决定了相应主体的人格独立程度与行为自主空间。② 德国大学的发展史表明，大学并不是自发产生的，而是为满足国家的需要而诞生的，其最初是以州立学府的身份被创建的。③ 因此，在很长的一段时间里，德国大学并不享有法人地位，只是一个性质上类似于政府机构的"营造物"④，政府可以"依据法律或出于法律的理由设立、变更或解散高等学校，规定其行政目标，指定其领导人，确定其法律能力，发布或同意发布高等学校章程，并且负责高等学校的财务开支"⑤。由于大学属于国家的营造物，没有独立的法

---

①周光礼.走向高等教育强国：发达国家教育理念的传承与创新[J].高等工程教育研究,2010(3)：66-77.

②李昕.法人概念的公法意义[J].浙江学刊,2008(1)：19-25.

③范德格拉夫,等.学术权力——七国高等教育管理体制比较[M].王承绪,等,译.杭州：浙江教育出版社,2001：18-20,165.

④"营造物"是指行政主体为达成行政目的所设置的、能够继续为其利用的人与物的结合体。

⑤申素平.论公立高等学校的公法人化趋势[J].清华大学教育研究,2002(3)：65-70.

人地位,因此,大学在财政、人事及一般行政事务上的自主权非常有限,无法豁免于国家权力的干预。

二战结束后,政府对大学的支配性管理色彩逐渐淡化,大学获得了更多的组织自主权。例如,各州文化部长会议于1968年达成协定,各州文化部不再掌控大学行政人员的晋用、物品配置等事项的管理权限,而交由大学行使。这一发展趋势,为德国大学后续获得独立的法人地位奠定了良好的基础。1976年,联邦政府出台《高等学校基准法》,首次于法律层面明确大学的法人地位,规定公立大学具有"公法社团"和"国家机构"的双重法律身份。这一法律身份,以制度的形式划定了政府在不同大学事务上的管理权限:一方面,在学术自治事项上,大学以公法社团身份示人,各州政府仅能对大学进行合法性监督,只要相关行为符合法律规定,那么政府就应当予以尊重;另一方面,在完成国家委办的任务(如大学的预算、人事问题等)时,大学属于国家机关的隶属机关,各州政府必须对大学做出专业监督,这就意味着大学的相关行为除了符合法律规定之外,还必须具备合理性。①

而后,受新公共管理理念的影响,为了进一步提高高等教育的管理效率,1998年修正的《高等学校基准法》赋予大学更为多元的法律地位。该法第五十八条第一款规定:"大学原则上为公法社团,同时为国家之机构。大学亦得以其他法律形式设立之。大学于法律的范围内,享有自治权。"②鉴于不同的法人形式具有不同的内部功能配置方式,因此,这一条款背后的法理在于通过赋予大学不同的法人形式,给予大学更多的组织设置自主权。与扩充大学法人形式的精神相适应,《高等学校基准法》亦

---

① 张源泉.德国高等教育治理之改革动向[J].教育研究集刊,2012(4):91-137.
② 董保城,朱敏贤.国家与公立大学之监督关系及其救济程序[M]//湛中乐.大学自治、自律与他律.北京:北京大学出版社.2006:34.

删除了旧法第六十一至第六十六条关于大学组织与管理的规定,仅保留了大学法律地位和各州政府监督权的基本规定。此外,1998 年《高等学校基准法》还删除了旧法有关学习、课程、成绩、科研、学籍等学习事项的规定,以及高校领导和学院成员构成等高校内部管理方面的规定,并在一定程度上采纳了企业的架构,释放大学的自主管理空间。

为了进一步放权给州与大学,德国《基本法》于 2006 年做出了修改,联邦政府的高等教育管理权大幅收缩。在此背景下,联邦层面的《高等学校基准法》于 2008 年被废除,相关权限主要交由各州行使。各州接手高等教育管理权后,公立大学的法律地位主要面临四种变化:第一,完全保留"公法社团"和"国家机构"的双重身份;第二,只保留"社团法人"身份;第三,在保留原有双重身份的基础上,允许采用新的法律形式;第四,明确规定大学可以具有财团身份。① 这一改变令德国公立大学的"国家机构"属性日益淡化。以作为公法财团法人的公立大学为例,一方面,这些大学实现了由"人合"向"财合"的转变,大学具有财产独立性;另一方面,这些大学在人事和财务管理上亦有较大的自主权,大学的校务会议和校长能够承担更多的管理职能。②

简言之,自德国高等教育法确立大学的法人地位,大学便从制度上拥有了独立的人格与意志,并拥有相应的组织自主权。大学法人形式的变迁过程表明,在确保大学的独立法律地位的前提下,联邦政府对高等教育的统一管理力度日益趋弱,各州有权以更具地方特色的方式履行高等教育管理职责。高等教育法允许大学以多元的法人形式设立,为大学根据

①胡劲松.德国公立高校法律身份变化与公法财团法人改革——基于法律文本的分析[J].比较教育研究,2013(5):1-21.
②胡劲松.德国公立高校法律身份变化与公法财团法人改革——基于法律文本的分析[J].比较教育研究,2013(5):1-21.

自身发展定位调整内部治理结构,预留了相应的制度空间。

2. 立法与大学章程共同规范大学的内部治理结构

为了缓解各州政府的教育财政负担,德国《基本法》于1969年进行了大幅修正,以扩大联邦政府的立法权限,便于其开展具体的管理工作。联邦政府试图通过高度一致的法规,同步管理、解决普遍问题,消除各地的发展差异,以实现全国的均等发展。① 在此背景下,联邦政府于1976年出台《高等学校基准法》,从以下三方面对大学的内部治理结构做出了全面且细致的规定。第一,该法规定大学的领导方式有"总长制"或"校长制"两种,并于第六十二条详细规定了大学校长的提名、选拔、任命方式,以及校长或总长的任职期限等具体内容,要求各州在其规范框架之下细化相关规定。第二,由于当时正值"组群大学"从法律上替代"教授大学",因此,《高等学校基准法》还具体规定了其他校内组织的职责与运行方式,并特别突出校务会议和校务咨询委员会的重要地位。第三,该法对大学的任务、组织、团体参与以及思想形成过程、课程的设计与改革、人事结构甚至人事相关法令都做出了颇为细致的规定。总之,《高等学校基准法》对大学内部治理结构的调整细致入微,各州仅能复制相关规定,几乎无任何自主空间。

然而,联邦层面高等教育法的规范密度过高,导致大学组织结构僵化,进而对大学的正常运转产生了消极影响,因此,1998年修正的《高等学校基准法》放弃了对校内治理结构的高密度调整,转而采取对校内权力结构做出框架性安排的方式。一方面,修正后的法律确立德国大学内部最重要的三大组织分别为校长、校务会议及校务咨询委员会,并着重明确

①张源泉.德国大学管理体制的演变[M]//王贵松.宪政与行政法治评论(第五卷).北京:中国人民大学出版社,2011:324.

了他们的基本职责:校长负责决策执行以及拟定大学发展的基本方针,校务会议负责监督与学术相关的事宜,校务咨询委员会则负责监督大学策略性、组织性与经营性的事务。另一方面,《高等学校基准法》删除了包括大学的领导方式在内的有关教学与研究的组织管理的具体规定,进一步对大学的内部治理结构松绑,令各州及大学在组织设置上享有更多的自主空间。

2008 年,随着《高等学校基准法》的废除,大学内部治理结构转由州高等教育法进行调整。得益于"学术自由组织保障"学说的发展,州高等教育法的调整重点明确为规范校内学术机构的权力配置及职能运作,为学术自由的实现提供组织保障。第一,为了保障教授治学甚至教授治校,法律对学术机构的人员构成、任期及职责等做出了非常细致的规定。以《柏林州高等教育法》为例,该法第六十条规定柏林州各大学的学术评议会由来自各学部的 25 名具有投票权的成员组成,其中包括 13 名教授、4 名在校学生、4 名学术助理、4 名教辅人员;同时,该法于第六十一条进一步规定了学术评议会的职责。[①] 相关规定表明,学术机构的主要人员是来自各个学部的教授,这主要是为了让教授掌握专业话语权。第二,在重要的学术事项上,法律注重赋予学术主体相应的参与权与决策权。例如,大学校长的选任与学校的发展息息相关,因此,《柏林州高等教育法》第五十三条非常强调学术评议会在大学校长选任过程中能够发挥实质作用:(1)学术评议会负责提名大学校长的人选,候选人的建议至少要得到 1/3 学术评议会成员的支持;(2)学术评议会向大学理事会提出建议并听取其意见,大学理事会有权驳回其建议一次;(3)学术评议会最终就校长人选

①沈波,许为民.学术评议会:大学学术权力的制度保障与借鉴——以德国大学为例的分析[J].中国高教研究,2012(7):60-64.

做出决议;(4)校长候选人需要获得大学师生员工代表大会的多数票才能通过选举;(5)选出的校长须得到柏林州政府的任命。①

综上可知,德国高等教育法对大学内部治理结构的规范密度总体趋缓,大学的组织结构不再受限于僵硬的一致性规定,由此,大学具有相应的制度空间,能够以灵活的组织形式,适应变迁社会的快速发展。与此同时,"松绑"并不意味着"不管",虽然联邦法不再对大学内部治理结构做出统一规定,但州法仍对学术机构的构成、职责及运作方式做出了必要的规范。这并非法律对学术领域的不当介入,而是法律为学术权所提供的制度、组织保障。唯有实现内部职权的合理分工与互相协调,才有助于大学开展知识创新、探求真理的本职工作。

3.对立法与大学章程进行合宪性审查

学术自由是德国《基本法》保障的一项重要权利。从德国基本权利的功能体系出发,基本权利除了在"个人得向国家主张"的意义上具有主观权利的性质之外,还是一种可以直接约束公权力的客观法。② 基本权利的客观法功能,要求国家从制度、组织和程序等多方面,为基本权利的实现提供保障。因此,德国高等教育法对大学内部治理结构做出规定,实为国家为基本权利的实现所提供的组织保障。大学内部治理结构并非纯粹的组织法问题,它不但关注大学的结构设置是否符合法律的要求,而且更强调内部结构设置的规范性意义。因此,法律对大学内部治理结构做出的规定,必须有助于甚至是最利于学术自由的实现。

有鉴于德国浓厚的法律主义传统,一旦高等教育法涉嫌无法为学术

---

①孙进.德国一流大学的校长选任制度——柏林洪堡大学的个案分析[J].外国教育研究,2014(2):78-86.

②张翔.基本权利的双重性质[J].法学研究,2005(3):21-36.

自由提供组织保障,便应接受司法机关的合宪性审查。以下三个典型案例展现了德国联邦宪法法院如何通过合宪性审查来评价高等教育法,以实现法律对学术自由的组织保障。

在 1973 年"大学共同决策案"中,法院面临的争议焦点在于:德国下萨克森州制定的《下萨克森州综合大学法"暂行法"》将一些不具备充分学术能力的教学人士认定为"大学教师",并赋予其学术事务方面的表决权,相关规定是否侵犯了大学教师的学术自由?对此,联邦宪法法院指出,该法所界定的大学教师范围过于宽泛,甚至包括那些并非独立从事教学科研的人员,违反了"组别设置的同质性要求",并且,根据该法的规定,无论教师是否具备专业资格,在教师引进等核心学术事务上,他们都享有同样的表决权,法院认为这种组织设置并无助于实现学术自由,因此,"暂行法"被判定部分违反宪法。①

2004 年"布兰登堡州大学法改革案"则关涉《布兰登堡州高等学校法》是否对学术自由产生组织上的危害。针对该法第六十三条要求各公立大学设立州高等学校校务咨询委员会,并赋予其提出校长候选人名单之权利的规定,部分高校和学者主张:鉴于校务咨询委员会主要由校外成员构成,其应当主要发挥学术异质性功能,而不具有民主正当性,因此,该法的相关规定有侵犯大学自治与学术自由之嫌。② 对此,联邦宪法法院认为,立法者在对大学的组织结构做出规定之时,应以给学术自由提供充分的组织保障为标准,只要符合该标准,那么立法者在制度设计上就享有自主空间。根据法律规定,校务咨询委员会仅对大学校长人选拥有建议权,并未单方垄断校长的决定权,因而相关制度设计并不必然会对学术自

---

①张翔.德国宪法案例选释(第 1 辑)[M].北京:法律出版社,2012:130-132.
②张源泉.德国高等教育治理之改革动向[J].教育研究集刊,2012(4):91-138.

由造成结构性的危害,所以法院认为《布兰登堡州高等学校法》是合宪的。①

2010 年"大学教授自治案"的争议焦点在于:《汉堡高等教育法》第九十至第九十一条有关大学院长办公室与教授委员会的法律地位和职权的规定,是否不当削弱了教授委员会的作用? 联邦宪法法院认为,为了保障研究与教学自由,宪法要求立法机关在调整大学组织及其决策过程时,必须保障学者拥有足够程度的决策参与权。之所以做如此要求,是因为这能够让学者凭借自己的专业技能,抵御行政力量在科研和教学中的不当干涉。因此,如果相关法律在令行政管理机构拥有学科人事和资源安排的实质决定权的同时,却又削减学者的决定权、参与权和监督权,那么相关制度就是违宪的。在本案中,鉴于《汉堡高等教育法》第九十至第九十一条在授予院行政办公室享有管理预算资源并决定教授职位的主导权的同时,并没有使其受到教授委员会的监督,且教授委员会在以上事项上的影响力甚微,所以宪法法院判决是违反宪法的。②

诚如有学者所言:"基本权是宪法价值决定的表现,也是国家整体制度的价值基础,其作用力辐射至所有的国家权力领域和整体的法律秩序,基本权因此不再只是宪法规则,而获得法的普遍适用。"③以上案例表明,基于基本权利的组织保障学说,德国高等教育法在规范校内治理结构之时,必须以维护"教与学"的基本权利为价值目标。司法机关的合宪性审查作为一项后设性制度,其目标在于最大限度避免法律做出不当的组织

---

①黄锦堂.德国大学法"新公共管理"改革之研究[J].政大法律评论,2009(118):165-225.

②张千帆.法国与德国宪政[M].北京:法律出版社,2011:407-408.

③赵宏.主观权利与客观价值——基本权利在德国法中的两种面向[J].浙江社会科学,2011(3):38-46.

规定,进而实现对高校自主权的保障。

二、中国大学章程的发展历程

(一)古代与近代中国的大学章程

由于我国古代的官办高等学府诞生于封建统治的集权力量,它们自然而然地成为官僚体系的附属机构,成为依附于政治的组织形式。不同于引领中世纪西方大学发展的行会精神,中国古代的高等教育机构几乎没有自治的传统,起主导作用的是封建礼教以及法制纲常等正统思想。例如,汉朝太学的人事、组织以及经济命脉皆无法逃脱政治专制主义的掌控:一来,太学的教学主体——博士及博士弟子——是享受国家俸禄的公职人员,他们的仕途生涯以及经济收入完全仰仗于国家;二来,太学的教育内容亦掌控于国家之手,"只有那些适合统治者政治要求的经学研究才得到政府的提倡并得以在太学传授"①,教师与学生的讨论内容不能脱离儒家思想范围。明清时期的国子监亦是统治者的重点管理对象,清政府一改历代礼部统管全国学校的常规,特派王公大臣作为国子监管理监事大臣,令国子监直接向皇帝负责。②

相较于官学,具有私人属性的民间书院的章程,则在一定程度上体现了自主特色。肇始于唐朝、兴盛于宋代的书院制度,打破了官办教育的垄断,让更多平民百姓有机会走入学习的殿堂。并且,较之于过去临时的私人讲学,书院有了更为严密的组织性以及更为系统的教育制度,同时,私

①周谷平,陈雁.中国古代太学与欧洲中世纪大学之比较——兼论我国现代大学的起源[J].高等教育研究,2006(5):89-93.

②马镛.中国教育制度通史:第五卷[M].济南:山东教育出版社,2000:3.

立自主的形式又让其能够在一定程度上克服官学的旧习,避免沦为科举的附庸。在这种不以科举仕进为目标的办学宗旨之下,诞生了大批以"探性理之要,询治道之原"的知识分子,形成了学术自由、百家争鸣的良好文化氛围。胡适对书院给予了极高的评价:"书院之真正的精神惟自修与研究,书院里的学生,无一不有自由研究的态度……所以书院与今日教育界所提倡道尔顿制的精神相同……所以限于一小题或一字义,竟终日孜孜,究其所以,参考书籍,不惮烦劳,其自修与研究的精神,实在令人佩服!"①可以说,由学者自发形成的、不局限于正统知识也不囿于科举制度的书院,表现出了类似于欧洲中世纪大学的特色。然而,欧洲中世纪大学通过教皇颁布的特许状而享有法定自治权,而书院却从未享有这一待遇。由于书院对科举制度和正统知识发起了挑战,因而其一直受到统治者的威胁。

到了近代,大学的成立方式发生了变化,无论是全面移植"西学"的北洋大学堂,或是将"西学"嫁接于"中体"之上的京师大学堂,还是将书院改为学堂的山东大学堂,它们都具有"先立典章,后建大学"的共同特点。然而,这一共同特点的背后却是特定的历史需求。自1840年以来,清朝的统治就因各种内忧外患而岌岌可危。清政府意识到"竞智"才是"胜力"的关键,因而在甲午战争之后的军事改革失败后,清政府转而尝试改革教育以救国强国。虽然以龚自珍、魏源等为代表的近代启蒙思想家以及而后的维新派提出了各式教育制度改革的意见,但晚清政府并不想放弃对新式教育的控制,因此,统治者欲通过先审批上奏、再批准建立大学的标准行政机构组织法的立法模式,来实现政府对大学的管理。以京师大学堂

①胡适.书院制史略[M]//胡适.读书与人生.沈阳:万卷出版公司,2022:174-175.

的成立为例,梁启超草拟了京师大学堂最初的章程,即《总理衙门奏拟京师大学堂章程》(以下简称《奏拟章程》),他以 8 章 52 节规定了京师大学堂的性质和地位、学生入学、教师聘用、学校行政机构、经费预算等具体事宜,勾勒出了维新派的教育改革思想。《奏拟章程》明确规定大学堂既是全国最高学府,也是最高教育行政机关。1900 年,八国联军入侵北京,京师大学堂遭受破坏。1902 年初,清政府正式下令恢复京师大学堂。同年 8 月,时任管学大臣张百熙负责制定了《钦定京师大学堂章程》(以下简称《钦定章程》),但由于新教育与旧制度的磨合并非一日之功,它终未获得实施。1904 年 1 月,清政府公布施行《奏定大学堂章程》(以下简称《奏定章程》)。《奏定章程》是张之洞会同张百熙、荣庆等人在参照日本学制的基础上,对《钦定章程》修改而成的。《奏定章程》对高等学堂的立学宗旨、学堂分科、课程设置、入学要求、学习年限、教学内容、仪器设备、教员管理员、考试奖励等各个方面都做了详尽的规定。《奏定章程》最重要的突破在于,它在一定程度上将京师大学堂的教育职能与管理职能分离,让京师大学堂回归单纯的教育机构,仅仅承担培养、选拔人才的任务,但从法律属性而言,其本质上仍是一部行政组织法。

之后,辛亥革命一举推翻了中国长达 2000 多年的封建统治,进而极大地推动了中国教育近代化的步伐。1912 年,蔡元培受孙中山之命担任教育总长并亲自制定了《大学令》。《大学令》第一条即规定大学的办学宗旨为"教授高深学问,养成硕学闳才,应国家之需要",由此,大学不再是封建统治和官僚阶级的附属物,而摇身一变为以学术为目的的研究机构。因而有学者评价:"大学(校)与大学堂虽一字之差,但它们的旨趣却大相径庭,代表了两个不同的时代。"[①]为了避免学术研究受到不当干涉,《大

---

① 周川.中国近代大学建制发展分析[J].北京大学教育评论,2004(2):87-92.

学令》一改官员治校的传统,确立了以评议会和各科教授会为主的"教授治校"制度。在蔡元培的带领下,北京大学又自行起草了《国立北京大学现行章程》(1920),这是民国时期第一部由大学自行起草,经评议会通过、教育部备案等一系列合法程序后颁行的大学章程。不过,民国时期大学制度的一系列变迁,其背后与有识之士的个人力量有着脱不开的关系,因而,相关的大学章程终究未能成为实质上的"自治法"。

(二)当代中国的大学章程

1. 新中国成立初期的大学章程

在新中国成立前夕,中国人民政治协商会议第一届全体会议通过了《中国人民政治协商会议共同纲领》(以下简称《纲领》)。《纲领》第四十一条明确规定"中华人民共和国的文化教育为新民主主义的,即民族的、科学的、大众的文化教育",并要求政府有计划有步骤地改革旧的教育制度、教育内容和教学法。

从新中国成立到"文化大革命"前,是中国社会新的"秩序形成期"。基于巩固政权和建构新秩序的考虑,政府对各类社会组织皆采取了以权力高度集中为特点的控制型管理。为了让一切走上正轨,政府动用行政力量,将经济、文化、思想等各个领域依照统一的政治标准予以整合,可以说,政治在各领域起着决定性作用,在高等教育领域也不例外。继1949年12月召开的第一次全国教育工作会议和1950年6月召开的全国第一次高等教育工作会议之后,政府形成了以《各大行政区高等学校管理暂行办法》《关于高等学校领导关系的决定》《关于实施高等学校课程改革的规定》《高等学校暂行规程》《专科学校暂行规程》和《私立高等学校管理暂行办法》等规范性文件为代表的管理制度,建立起了一套集中领导全国各类高校的管理体制。至此,旧学校全部被接管和整顿,私立高等学校改制为公立,所有教会学校被撤销,政府成为各类大学的唯一举办者。其中,《高等学校暂行规程》对大学的入学、课程及考试毕业作了纲领性的规定,并确立了"大学及专门学院采校(院)长负责制"的内部管理方式,全面领导全校的一切事宜。①

1953 年公布的《关于修订高等学校领导关系的决定》进一步加强了政府对高校的集中管理,高等学校的设立、停办,院系专业设置、招生任务、基本建设任务、财务计划、财务制度(包括预决算制度、经费开支标准、教师学生待遇)、人事制度(包括人员任免、师资调配等)、教学计划、教学大纲、生产实习规程等事项皆由中央高教部决定。此外,全国各类高校还必须执行高教部制定的其他重要法规、指示或命令。可以说,大学的所有办学空间皆被政府大包大揽,大学章程几乎没有存在的必要。不过在此期间,教育部仍颁行了相当于大学章程的《北京师范大学暂行规程》(1950)、《金陵大学行政组织大纲》(1950)和《南京大学暂行组织规程》(1951)。"大学章程的结构与各国高等教育法规密切相关,法律的统摄性和约束性越强,大学章程文本的同构性和同质性则越明显"②,这三部大学章程都规定了大学的办学宗旨、教学原则、学生、教学组织、行政组织等问题,但由于政府已在各类文件中对相关内容做出了具体的规定,因而三校的章程内容基本一致。

在之后的近 40 年里,中国再没有正式的大学章程出现,政府主要依据各类行政法规和规范性文件对大学进行管理。在改革开放之前,高校管理方面最有代表性的行政法规为 1961 年颁布的《教育部直属高等学校暂行工作条例(草案)》(以下简称《高教六十条》)。《高教六十条》是我国

①张国有.大学章程:第一卷[M].北京:北京大学出版社,2011:394.
②张国有.大学章程:第二卷[M].北京:北京大学出版社,2011:9.

脱离苏联模式、探索社会主义高等教育体制的一次重要尝试,确立了教育部直属高等学校在行政上受教育部领导,校内党的工作则受省、市、自治区党委领导的工作体制。此外,还规定了高校的专业设置、课程设置、教学方案、学制、教师调动、学校规模等事宜均应经教育部批准。由于《高教六十条》所产生的时代背景要求其承担集中整治教育乱象的职能,在国家本位的政策范式下,大学作为学术机构的属性被淡化。

2. 改革开放之后的大学章程

在经历了"大跃进"和"文革"带来的沉痛打击之后,我国的高校管理体制也逐渐进入了"拨乱反正"时期。1985 年,《中共中央关于教育体制改革的决定》首次明确提出"改革管理体制,在加强宏观管理的同时,坚决实行简政放权,扩大学校的办学自主权"。1993 年出台的《中国教育改革和发展纲要》试图改革"包得过多、统得过死的体制"。与此同时,依法治教的思维逐渐强化,我国先后颁布了《中华人民共和国教师法》《中华人民共和国教育法》《中华人民共和国职业教育法》等法律,初步建构起了中国教育的法制框架。当然,对高等教育产生最为重要影响的,当属 1998 年颁布的《中华人民共和国高等教育法》(以下简称《高等教育法》)。《高等教育法》一来确认了我国高等教育宏观管理之"两级管理、分工负责"的新体制,即国务院统一领导和管理全国的高等教育事业,省级地方政府统筹协调本行政区域内的高等教育事业;二来明确了高等学校的法人地位,规定高等学校自批准设立之日起取得法人资格;此外,该法还从招生、设置和调整专业、教学活动、科研技术开发和社会服务、国际交流与合作、机构设置和人员配备、财产管理和经费使用等七个方面细化了高等学校的办学自主权。

在中国教育法制初具规模之后,教育部于 1999 年印发了《关于加强教育法制建设的意见》,要求各类高校"依据法律、法规的规定,尽快制定、完善学校章程,经主管教育行政部门审核后,按章程依法自主办学"。根据《高等教育法》(1998)第二十八条的规定,大学章程应当规定学校名称和校址、办学宗旨、办学规模、学科门类的设置、教育形式、内部管理体制、经费来源、财产和财务制度、举办者与学校之间的权利与义务以及章程的修改程序等。之后,国内的部分公立高校开启章程制定的流程,但普及率仍不理想。截至 2007 年,全国仅有 21% 的高校报送了章程或者章程草案,其中共有 23 所教育部直属高校,只占部属高校的 31.5%。①

2010 年 7 月,中共中央、国务院颁发了《国家中长期教育改革和发展规划纲要(2010—2020 年)》(以下简称《教育规划纲要》),进一步指出了大学章程的重要性——"各类高校应依法制定章程,依照章程规定管理学校""学校要建立完善符合法律规定、体现自身特色的学校章程和制度"。2010 年 10 月,国务院办公厅下发《关于开展国家教育体制改革试点的通知》,确立了北京大学、中国人民大学、清华大学、复旦大学、浙江大学和吉林大学等 26 所高校为建立健全大学章程试点院校。为了贯彻《教育规划纲要》的精神,2011 年 11 月,教育部颁布了《高等学校章程制定暂行办法》,就章程的制定内容、制定程序、章程的核准与监督做出了规定。同年12 月,教育部办公厅又发布了通知,要求所有高校在 2012 年内全面启动章程制定或者修订工作。2013 年,教育部又发布了《中央部委所属高等学校章程建设行动计划(2013—2015 年)》,要求"985 工程"高校于 2014年 6 月底前完成章程起草工作,"211 工程"高校于 2014 年底前完成章程起草工作,教育部及中央部门所属所有高校于 2015 年底前完成章程起草工作。在政府的大力推动及高校的全面配合之下,中国大学步入了"依章办学"的新时代。

---

① 王大泉.我国高校章程建设的现状与路径[J].中国高等教育,2011(9):16-17.

三、小结

从"特许状"开始,西方大学章程便已开始发挥自身在维护大学组织独立方面的重要功能。如前所述,1819年的"达特茅斯学院案",划清了美国私立大学与政府之间的权力边界,明确了私立大学的独立法人地位,认可私立大学依据章程享有高度自治的权利。德国学术自由的宪法发展历程,最终让大学获得了以"教"与"学"为核心的自主权,"国家应当尊重科学活动的特性……将其对大学不得已的干预作尽量的限制,不试图将大学的活动纳入政府的行为系统"①,大学章程亦呈现出作为界定政府与高校之权力边界的特点。

然而,我国的大学章程发展历程与西方完全不同,我国大学章程的制定是由政府主导的。一方面,教育部牵头发布有关大学章程建设的纲领性规定,并通过《高等学校章程制定暂行办法》对大学章程制定的原则、内容、程序以及章程的核准与监督执行机制做出具体规定;另一方面,省级教育行政部门负责传达、落实教育部文件的精神,并成立负责本省高校章程制定相关工作的办公室、专项小组,明确本省高校章程制定的具体方案。各高校在完成章程的起草、审议之后,还需将章程报送行政部门核准——这是大学章程的生效要件之一。根据《高等学校章程制定暂行办法》第二十三至第二十五条的规定,各核准机关对章程的合法性、适当性、规范性以及制定程序进行实质审查:省级教育行政部门负责核准地方政府举办的高等学校的章程,其中本科以上高等学校的章程核准后,应当报教育部备案;教育部直属高等学校的章程由教育部核准;其他中央部门所

----

① 陈洪捷. 什么是洪堡的大学思想[J]. 中国大学教学,2003(6):24-26.

属高校的章程,经主管部门同意,报教育部核准。采用"核准制"即意味着大学章程制定权由政府授予,须经过教育主管机构的实质审核,并获得核准后才能生效。是故,有学者认为大学章程是政府行为的产物。①

与此同时,结合我国高校的法律地位,亦有学者认为大学章程难以实现自治法的目的。在司法实践中,法院认为大学是"法律、法规、规章授权的组织",在授权范围内属于行政主体,可以参与行政诉讼。例如,在"刘国聚等不服平顶山煤矿技工学校责令其退学注销学籍案"中,四名学生因不服学校对其做出的退学、注销学籍的处分而将学校诉至法院。平顶山煤矿技工学校认为自己并非国家行政机关,主张原告无权提起行政诉讼。但是,初审法院和二审法院皆认为,鉴于平顶山煤矿技工学校有权对受教育者进行学籍管理、实施奖励或处分,实属法律授权的组织,是行政诉讼的适格被告。② 在"田永诉北京科技大学拒绝颁发毕业证、学位证案"中,二审法院认为大学依据法律、法规的授权,对学籍管理、奖励或处分、向受教育者颁发学历证书和学位证书等在内的事项拥有一定的行政管理权,大学在行使其教育行政管理权之时,其与受教育者之间不是平等的民事关系,而是特殊的行政法律关系。③ 在"何小强诉华中科技大学拒绝授予学位案""甘露不服暨南大学开除学籍决定案"等诸多引起巨大社会反响的案件中,法院均秉持了相同的思路,认可了大学的行政主体地位。而在学理研究中,学界从行政权力的性质入手,对《教育法》第二十九条规定的高校享有的"权"做出了定性,主张招生权、学籍管理、奖励、处分权、颁发

①陈学敏.关于大学章程的法律分析[J].武汉大学学报(哲学社会科学版),2008(2):169-172.

②河南省平顶山市湛河区人民法院(1996)湛行初字第 19 号行政判决书,河南省平顶山市中级人民法院(1996)平行终字第 042 号行政判决书。

③北京市第一中级人民法院(1999)一中行终字第 73 号行政判决书。

学业证书权、聘任教师权等"权"具有明确的单方意志性和强制性,符合行政权力的特征,由此推断大学属于经法律授权而行使公权力的行政主体。① 鉴于大学能够在法律、法规、规章的授权下成为行政主体,有学者主张大学制定章程实为行政机关对不特定对象制定和发布普遍性行为规范的过程,从而认为制定大学章程是一种抽象行政行为。②

　　前述现实,影响到学界对大学章程法律效力的理论评判。有学者指出,"由于我国目前高等教育法律制度未能像公司法那样以法律的形式确定包括公立大学在内的高等学校章程的法律效力,特别是现有公立大学章程大多未能把作为投资者的政府与举办者的学校之间的权利与义务,以及高等教育管理者的政府与举办者的学校之间权责配置等关系予以明确界定和调整,从而使章程法律效力问题一直未从根本上得到有效地解决"③,使得章程难以在大学管理制度中发挥应有效力,影响大学治理法治化的进程。是故,有必要进一步研究并分析当代中国大学章程的实施现状。

---

①陈鹏.高等学校学生处分权的法理学探析[J].教育研究,2004(9):37-42.

②参见:湛中乐,徐靖.通过章程的现代大学治理[J].法制与社会发展,2010(3):106-124;李志雄,吴美琴.中国公立大学章程的法律性质探析[J].齐齐哈尔大学学报(哲学社会科学版),2017(7):84-87.

③焦志勇,杨军.提升公立大学章程效力的根本途径[J].湖北社会科学,2011(2):149-152.

第二章　当代中国大学章程
实施的困境及其成因

　　建设大学章程,旨在推进大学运行法治化,此举事关大学对外及对内的合法性问题。如前所述,我国的大学章程具有后发、外推的特点,是国家推动大学从管理走向治理的举措。在简政放权、推进政事分开、推进事业单位分类改革以及高等教育改革的背景之下,大学章程被委以重任。国家力推大学章程建设,期望以此撬动高等教育管理体制的改革。然而,当前我国大学章程的建设在文本与实践上存在较大差距,章程实施不力[①]、章程效力较低[②]、学校不按章办事[③]等现象的存在,均说明了大学章程实施的困境。已有研究认为,大学章程的运行出现低效、失效等问题,既源于章程设计本身存在缺陷,也源于章程运行的制度环境欠佳。本章将在梳理现状、总结观点的基础上,提出已有研究存在的方法论困境,为后续分析做好铺垫。

[①]陶光胜,付卫东.我国大学章程执行"肠梗阻"的病理解剖——基于 64 所高校的数据分析[J].理论月刊,2017(10):70-74.

[②]潘静.软法视角下我国大学章程实施的困境与完善[J].江苏高教,2015(5):65-67.

[③]张磊,周湘林.问责:大学章程制定实施的制度保障[J].河南社会科学,2013(6):80-82.

一、大学章程自身的制度困境

"制度文明是高水平大学的重要标志,现代大学制度是涉及大学内部治理结构以及大学与政府、大学与社会关系的综合命题。如果说构建现代大学制度是中国特色社会主义高等教育面临的时代课题的话,学校制定章程的过程,则可以说是对这一时代课题的科学探讨,而章程本身则是对这一时代课题的一个初步回答。章程涉及了学校内部治理结构以及学校与政府、学校与社会的关系,其中主要是回答了学校内部治理结构等现代大学制度的核心问题,为学校依法自主办学提供了可行的自治规范。"①从这一论述出发,大学章程作为高校依法自主办学的依据,应当从三个维度把握其制度理性:第一个维度是大学成员对大学章程统领下的制度体系的认同,这种认同来源于大学章程的民主性;第二个维度是大学章程所设置的大学结构体系的合理性,即能否实现价值合理性与工具合理性的有机统一;第三个维度是大学章程能够成为维护和保障大学成员权利的制度力量。然而,我国的大学章程在以上三个维度均存在相应的制度困境,影响大学章程的制度理性,继而对其有效运行产生消极影响。

(一)民主维度:知晓度与认同度不高

"在任何高度复杂的组织中,要想使任何决策得以贯彻执行,必须调动各个层次的人员。只有他们的决心、他们的积极性和他们的认可(总

_____

①张文显,周其凤.大学章程:现代大学制度的载体[J].中国高等教育,2006(20):7-10.

之,避免他们的消极抵抗)才能决定一项决策能否及时得以贯彻。"① 因此,大学成员对大学章程的认同度与大学章程的良好运行是密切相关的。

制定章程和依章办学是《国家中长期教育改革和发展规划纲要(2010—2020年)》确定的"加强章程建设"的两项重要任务。在政府的大力推动之下,截至 2015 年底,112 所"211 工程"高校章程全部都已经通过核准并发布。② 我国高校已基本具备了"按章办学"的条件。

然而,在大学章程的制定过程中,"上热下冷"的问题隐藏其中。对绝大多数高校而言,"无章运营"已成传统,即便 1998 年颁行的《高等教育法》明文规定章程为设立高校的要件之一,在此后的近十年里,补订章程的高校仍寥寥无几。③ 换言之,政府高涨的热情,难掩高校内在动力缺乏的现实。部分高校持悲观态度,认为自身的自主权有限,有无章程都一个样;也有高校持观望态度,觉得制定章程类同于"按形式走个过场"。④

这一问题的存在,直接影响到大学章程制定过程中的民主参与度。有学者直言,大学章程在参与度、知晓度、协同度、遵从度等方面存在的问

---

① 尼格罗,等.公共行政学简明教程[M].郭晓来,等,译.北京:中共中央党校出版社,1997:158.

② 吴启迪.以章程建设为依据构建现代大学制度[EB/OL].(2015-12-04)[2017-12-03]. http://www. moe. edu. cn/jyb_xwfb/xw_fbh/moe_2069/xwfbh_2015n/xwfb_151204/151204_zjwz/201512/t20151204_222902. html.

③ 根据 2007 年教育部法制办公室就各地和直属高校的章程建设情况做出的调查,当时共有 563 所高校(含普通本专科及职业院校、成人高校,主要是公办高校)报送了章程或者已开始审议即将颁布的章程草案,占当时全国高校的 21.1%。教育部直属高校中有 10 所报送了已制定的章程,另有 13 所报送了正在征求意见的章程草案,占直属高校的 31.5%。换言之,当时的绝大多数公立高校并没有制定章程。参见:王大泉.我国高等学校章程建设的现状、问题与发展路径[M]//湛中乐.通过章程的大学治理.北京:中国法制出版社,2011:319-320.

④ 马陆亭.大学章程建设的"冷"与"热"[J].现代教育管理,2013(9):1-5.

题,导致大学章程的运行实效大打折扣。① 根据《高等学校章程制定暂行办法》第三章的规定,章程起草应当秉持民主、公开的原则,章程起草组织应当由学校党政领导、学术组织负责人、教师代表、学生代表、相关专家,以及学校举办者或者主管部门的代表组成,此外,起草组织还可以邀请社会相关方面的代表、社会知名人士、退休教职工代表、校友代表等参加。章程草案征求意见结束后,起草组织应当将章程草案及其起草说明,以及征求意见的情况、主要问题的不同意见等,提交校长办公会议审议。章程草案经校长办公会议讨论通过后,由学校党委会讨论审定。前述制度凸显了民主的重要性,要求从章程的起草直至章程的审定,都能够充分吸纳高校利益相关者的要求和意愿,确保章程是一种共识的体现。

　　反观现实,高校在"补定"章程之时,往往根据具体情况对《高等学校章程制定暂行办法》的规定做出"调适"。笔者经访谈了解到,各校起草章程的现实情境各不相同。对教育部直属的"985 工程""211 工程"学校而言,它们制定章程的时间非常紧迫。不过,这也并非绝对的——对于那些较早着手准备的高校而言,它们相对拥有充分的时间去开展征求意见、充分协商等具有民主色彩的步骤。例如,北京大学的章程建设工作始于2007 年,并在此后的 7 年时间里,以召开面向不同群体的会议的形式(如工会、教代会代表专场座谈会、老领导专场座谈会、民主党派代表专场座谈会、学生代表专场座谈会、校友代表专场座谈会等),让不同群体可以对草案提出不同意见,并在吸收意见的基础上不断修改章程草案。在起草过程中,章程起草小组还派代表前往校内各部门、境内外的其他大学以及

---

①陈彬,郑宁.章程的生命力在于实施——全国 75 所高等学校章程实施情况评估报告[J].中国高等教育,2016(19):17-19.

国家相关政府部门,专门考察大学章程的制定事宜,广泛吸纳有益意见。① 然而,对绝大部分未早作准备的高校而言,为了按时完成章程建设的任务,它们只能权宜性地简化章程起草步骤。比如东部沿海省份的某高校章程制定参与者告知笔者,该校章程起草主要是由学校党委办公室、校长办公室、政策调研室和学校法律办公室完成的。在起草过程中,政策调研室也主动征询了法学院部分专家的意见和建议,不过对方直言,由于时间有限,他们并没有开展全校范围的民主意见征集。该校章程的制定情况在全国并非个例,甚至有部分学校领导提出了更悲观的看法:"我估计,要应付的话几天就能把章程制定出来。"②另有学者做了更进一步的调查,发现具有行政职务的教职工和不具有行政职务的教职工相比较,前者的大学章程制定参与度显著高于后者,具有行政职务的教职工的大学章程制定参与度为 56%,而不具有行政职务的教职工的参与度仅为33%;并且,行政职务的级别与大学章程的参与度成正比,各级领导参与大学章程制定的比重分别为:校级领导 76%,院/处级领导 68%,系/科级领导 35%,其他 26%。③ 该调查结果表明:一方面,大学章程的制定主要是党政领导牵头的;另一方面,教师的行政级别与大学章程制定参与度之间呈正相关关系,校级领导通常能够最为深入地参与大学章程的制定。④

　　大学章程制定的民主参与不足,对章程的知晓度与认同度产生了消极影响。有学者对江西省 66 所高校的教师和行政人员做出了调查,仅有42.92%的受访者明确表示自己参与过大学章程草案的讨论,而接近

①章程起草秘书组.《北京大学章程》制定大事记[EB/OL].(2015-04-28)[2016-11-28]. https://news. pku. edu. cn/ztrd/bjdxzcsszhggwbtj/4944-288466. htm.

②陈立鹏.大学章程制定情况不容乐观[J].教育与职业,2013(31):60-61.

③李威,熊庆年.大学章程实施中的权力惯性[J].复旦教育论坛,2016(6):75-80.

④李威,熊庆年.大学章程实施中的权力惯性[J].复旦教育论坛,2016(6):75-80.

60％的教师表示没有参与或者不清楚;仅有 34.17％的受访者表示自己的意见曾在大学章程的制定过程中被采纳和吸收,而超过 65％的受访者给出了否定意见或表示"不清楚"。虽然《高等学校章程制定暂行办法》规定大学章程的制定必须经过教代会的讨论通过,但只有 67.92％的受访者表示大学章程的制定有执行这一环节,而近 1/3 的受访者表示"没有"或"不清楚"。① 笔者曾对浙江省杭州市 10 所公立高校的教师和行政人员展开了章程认同度的相关调查,结果表现出两方面的特点。一方面,大学章程的知晓度低。在 117 名受访者中,有相当一部分人(47 人,占 40.17％)表示因为自己不了解所在大学的章程,故无法回答是否认同的提问。这种不了解主要体现在以下方面:一是不清楚大学章程是何时颁布的;二是不清楚大学章程是否修改过;三是不清楚大学章程的主要内容;四是未曾查阅过大学章程。另一方面,缺乏参与章程建设的热情。在受访者中,仅有不到 60％的人希望参加大学章程的建设,有将近 40％的人表示无所谓。教师对参与章程建设保持"冷眼旁观"的态度,在很大程度上是因为觉得自己没有话语权,并对是否能真正实现"依章程治校"有所怀疑。

笔者亦对其中的若干位教师和行政人员进行了深入访谈,以寻求大学章程认知度不高的原因。以下是笔者与浙江省杭州市某高校学位评定委员会成员吴老师的对话。②

访谈者:请问您如何看待大学章程的作用?

吴老师:大学章程肯定是重要的。现在强调依法治校,要有制度依

---

① 蒋荣,李威.江西高校大学章程建设现状实证研究[J].江西科技师范大学学报,2016(5):82-92.

② 对吴老师的访谈时间:2021 年 2 月。出于匿名考虑,访谈对象均以虚拟姓氏称呼。本书的访谈资料均来自作者在 2021 年 2 月对案例大学的实地访谈。

据,大学章程就是学校的根本制度。

访谈者:请问您是否了解学校章程的内容?

吴老师:当时学校有下发文件,我有看过,和我的工作有关的条款我大致浏览过,别的不太了解。人的精力是有限的,和我无关的条文也没时间细看。实际上,我也不可能做到对学校出台的各项规定都了如指掌。

访谈者:学校章程中有关学位评定的相关规定,在制定之时,有征询过你们的意见吗?

吴老师:没有,据我所知没有。反正没问过我的意见,我也没听说过。

访谈者:请问您知道贵校的大学章程是如何制定的吗?

吴老师:具体我不太清楚,这是学校层面的事情吧,主要是校领导负责统筹协调的,我们只需要负责执行就好了。

访谈者:您所在的部门在制定校内规范性文件时,会将学校章程作为依据吗?

吴老师:制定的时候肯定要去看一看相关规定的,看看有没有和学校的其他规定相冲突。当然,如果内容涉及学校章程的规定,那么肯定要去和章程作对比。如果真的和学校章程冲突了,学校法律办也不会审查通过的。

从以上访谈可以看出,受访者认可大学章程对于大学治理的重要性,但其对大学章程的认知范围仅限于工作接触的部分,并没有对大学章程做整体性了解。笔者还对若干位无行政职务的教师进行了访谈,他们亦表示自己不了解学校章程,因为其内容较为抽象,在自己的工作中并不会有直接接触。以下是笔者与浙江省杭州市某高校法学系教师白老师的对话。①

---

①对白老师的访谈时间:2021年2月。

访谈者:请问您如何看待大学章程的作用?

白老师:法治以规则之治为核心,理论上,大学章程相当于高校的"宪法",自然是要发挥统领作用的。

访谈者:请问您是否了解学校章程的内容?

白老师:在大学章程制定的时候,学校有来专门征询法学院老师的意见,我当时有提一些建议。但是后来我并没有进行持续关注,因为它的实施不只需要制度,还需要理性。而且,我的工作也几乎和大学章程没有直接关系,没有关注的必要。

访谈者:请问您有关注学校章程修改的事宜吗?

白老师:章程修改应该有具体的程序要求。我没有行政职务,也没有参与其中,不是很清楚。

访谈者:如果加大宣传力度,您觉得是否会提高大家对学校章程的关注度?

白老师:应该会有促进作用。比如你刚提到章程修改的工作,如果有专门的信息渠道来提醒大家关注这个事情,比如在内网、工作邮箱、办公群里通知一下,那大家的知晓度肯定就上去了。知晓度提升了,关注度肯定也会上升。如果让我主动去关注这个信息,可能性不高。

访谈者:如果有机会,您会积极参与章程修改吗?

白老师:如果自己的建议能够得到及时的反馈,如果大学章程真的能够在学校治理中发挥根本作用,我当然要积极参加了。反之,这也不是我的本职工作,没什么参与的必要,毕竟大家的事情都很多。

从以上访谈可知,普通教师同样认可大学章程的重要作用,但依旧缺乏对制度的了解。民主参与的缺乏导致大学利益相关者对大学章程的认知度不高,这也反过来表明大家并不认同大学章程是一种共识的体现,无法成为自身整体意志的一部分。

（二）结构维度：治理结构合理性不足

我国公立大学内部的治理主体主要包括党委会、校长及校长办公会议（或校务会议）、学术委员会、学位评定委员会和教职工代表大会，各个主体依照自身的不同定位来履行相应的职责，大学章程则是对大学内部治理结构做出安排的基础文本。"党委领导、校长负责、教授治学、民主管理"是我国现代大学治理结构的基本框架，只有将这一框架落实到基本制度上，并贯穿到大学内部治理之中，大学内部的治理体系才能定型，大学内部的治理能力才能推进。

决策是治理的内核，因此对大学而言，完善决策的结构和过程是实现自身使命的要义。根据决策的性质，大学决策可进一步分为学术决策、行政决策和综合决策：学术决策以专业性、权威性为基础，旨在判断问题的真伪；行政决策以"科层制"为基本特征，讲求效益与效率，基本无关学术真伪；综合决策意指对那些既需要进行学术真伪判断，又需要综合考量学校利益的问题做出决策，需要各种权利主体的配合。① 总体而言，党委会是学校的最高决策机构，校长及校长办公会是学校的最高执行机构，学术委员会主要负责学术事项的决策，教代会则主要发挥民主监督的作用。大学章程统领下的制度体系应以实现上述职权分工为宗旨，合理安排不同职能部门的分工与权限。若依托制度而形成的内部治理结构体系并不合理，便会影响大学章程的良好运行。就已有制度而言，学术委员会的学术决策权定位不清与教职工代表大会的民主监督未予以制度细化是最为典型的两个问题。

第一，学术委员会的学术决策权的定位不清。学术委员会是实现"教

① 刘献君.高等学校决策的特点、问题与改进[J].高等教育研究，2014(6)：17-24.

授治学"的重要组织设置,是实现学术评议与审核的重要机构。《高等教育法》第四十二条即规定了学术委员会对于学术事项的审议权:"高等学校设立学术委员会,审议学科、专业的设置,教学、科学研究计划方案,评定教学、科学研究成果等有关学术事项。"2010年发布的《教育规划纲要》进一步明确了学术委员会在大学治理中的重要作用,第四十条规定:"充分发挥学术委员会在学科建设、学术评价、学术发展中的重要作用。探索教授治学的有效途径,充分发挥教授在教学、学术研究和学校管理中的作用。"2014年,教育部以部门规章的形式发布了《高等学校学术委员会规程》,于第二条明确赋予学术委员会以决策权:"高等学校应当依法设立学术委员会,健全以学术委员会为核心的学术管理体系与组织架构;并以学术委员会作为校内最高学术机构,统筹行使学术事务的决策、审议、评定和咨询等职权。"

普遍而言,高校学术委员会在学术评价标准——主要是学位授予标准、聘用教师和人才分类标准、学术道德规范——方面具有决策权。但是,在措辞方面,有些大学章程使用"决策"一词,来明确规定学术委员会在学校学科、专业建设规划、学校宏观科研规划及学校教师职务聘任标准等事务方面享有决定权,但也有不少大学章程使用了"审议""审定""评定"等模糊性表述。有学者就浙江省的19所高校做出了调研,结果表明,52.6%的学校明确表示学术委员会只是学校的学术评议机构、咨询机构,对学术事务只有评议、咨询权,而没有决定权。① 因此,学术委员会的权限与其作为学校最高学术机构的定位,有所偏差。

第二,教职工代表大会的民主监督未予以制度细化。1985年,教育

---

① 魏小琳.高校学术委员会制度的现实困境及其建设——基于对浙江省高校的调查[J].中国高教研究,2014(7):71-74.

部和中国教育工会全国委员会联合颁布了《高等学校教职工代表大会暂行条例》，确立了教职工代表大会这一校内民主机构。2012年，教育部正式施行《学校教职工代表大会规定》，在保留教职工代表大会的民主管理和监督的基本定位之上，进一步明确了教职工代表大会在学校章程草案制定和修改、学校重大改革和重大问题解决方案、学校各项专项报告等事项上的建议权，在教职工福利、聘任、考核等办法上的讨论通过权，对校领导干部的评议权，以及对学校各项制度和决策的监督权。教职工代表大会主要通过提出意见和建议的方式来行使监督权，在与自身切身利益有关的方案和校内分配方案上有讨论通过权。虽然部分高校的教职工代表大会被赋予了监督学校章程、规章制度和决策的落实以及提出整改意见和建议的职能，但是教职工代表大会仅仅拥有"建议权"。至于建议是否、怎样被采纳，在很大程度上取决于程序性规定是否完善，但相关规定时常是空缺的。

（三）权利维度：权利保障机制不够健全

权利保障是制度正当化的价值追求，由此，大学成员对大学章程的认同问题，便取决于其是否能通过大学章程的治理而维护自身的权利。"无救济则无权利"，不论制度对于权利做出了如何完备的规定，一旦公民的权利受到侵犯却无法获得有效的救济，那么，这些制度不过是一纸空文。以学生的权利保障为例，学生虽是大学成员中数量最庞大的群体，但往往被视为教学管理的对象。2017年修改的《普通高等学校学生管理规定》对此做出了改变，进一步凸显了权利本位的理念。新规定的立法宗旨强调"维护学生合法权益"，并于总则部分增加了"实施学生管理，应当尊重和保护学生的合法权利"的相关条款。

学生申诉制度是最为典型的学生权利救济制度。自《普通高等学校学生管理规定》(2005 年)"强制性"地要求高校设立学生申诉处理委员会以来,此项制度已在高校存在了近 20 年。由于学校内部的争议往往带有专业性、内部行政性的特点,外力如何介入、在多大程度上介入,都是值得探讨的问题。因此,内部救济制度于大学成员而言应是更为便捷的权利救济途径。《高等学校章程制定暂行办法》亦认可了校内申诉制度的重要性,要求章程必须"明确学校受理教师、学生申诉的机构与程序"。学生作为校内相对弱势的群体,其申诉权更是获得了大学章程的确认。例如,《北京大学章程》第二十一条第八项规定,学生"对学校给予的处理或者处分有异议,向学校或者教育行政部门提出申诉,对学校、教职工侵犯其人身权、财产权等合法权益,提出申诉或者依法提起诉讼"。

如果说程序正义作为一种"看得见的正义",是控制高校管理权并保证学生权利的基本要求,那么,学生申诉制度理应符合程序法治的要求,才能建构起健全的权利保障机制。

学生申诉事项范围主要包括学校做出的纪律处分、退学和取消入学资格等决定,也有部分高校明确规定了学生申诉处理委员会也可受理有关学位证书的申诉。总之,申诉事项是与学生切身利益相关的重要事件。在程序方面,高校的学生申诉制度规定了申诉的调查时限(通常是自作出受理决定之日起 15 日内作出复查结论,有特殊情况的,经学校负责人批准,可延长 15 日),保证申诉者的及时审判权。不过,能够完整规定重要程序性事项的高校仅是少数,校内申诉制度有不同程度的要件缺失是较为普遍的现象。这种要件缺失主要表现在三方面:第一,申诉时的听证权未获保障。听证制度包含了多项正当程序的基本构成要素,比如对立面的设计、信息和证据的展示、对话机制的形成等。申诉者通常处于弱势的一方,他们通常不能参与违纪处分的调查阶段。因此,在受到惩罚或其他不利处分前,能够就先前调查人员提交的违纪事实、证据及处分依据,允许申诉人作出陈述和辩解,将更有利于申诉者权利的保障。第二,申诉时利害关系人的回避制度未做规定。这一程序瑕疵主要有三方面的危害:其一,允许申诉者的利害关系人参与事实调查,容易造成实质不公;其二,允许先前参与调查的人员继续参与申诉,很可能导致他们的价值预判在申诉的调查阶段发挥主要作用,从而不利于还原真相;其三,未对申诉结果的送达方式作出规定。"送达"作为一项程序行为,保障的是申诉者对于不利处分的知情权。只有在知晓的前提下,申诉者的实体权利才能有实现的可能。综上所述,虽然校内申诉具有经济、便利、专业的优势,但当前各大高校对于校内申诉的制度设计,均存在不同程度的瑕疵,而这很有可能导致申诉者无法维护自己的权利。

此外,若学生不满学校给出的申诉复查处理结果,学生也可以向校外机构寻求帮助。《普通高等学校学生管理规定》第六十二条进一步赋予其"向学校所在地省级教育行政部门提出书面申诉"的权利。然而,我国高校具有不同的行政级别,国内最顶尖的高校更是"副部级大学"。大学内部的管理方式也是以"科层制"为特点的。在中国的大学,管理岗位拥有行政级别划分,包括部级副职、厅级正职、厅级副职、处级正职、处级副职、科级正职、科级副职、科员、办事员共九个等级,无论是校级、院级和系的学术组织,还是校级、处室、科室的党政职能部门,行政级别是这两套系统的"通用语言"。根据《普通高等学校学生管理规定》的规定,行政级别低于"副部级大学"的省级教育行政管理部门须对高校的决定作出二次复核,并"责令"其改正或重新作出决定,这显然忽略了行政层级在现实中的阻力。① 因此,校内申诉制度在学生权利的救济方面,面临着制度设计上

---

①秦汉.高校研究生学术不端处罚的权利救济与程序正义——基于对"C9 联盟"高校相关制度的考察[J].高校教育管理,2018(1):61-67.

的瑕疵与制度运作上的障碍。

二、大学章程实施缺乏有效的制度环境

除大学章程的文本缺陷之外,亦有研究从路径依赖与资源依赖的视角出发,阐释中国大学治理中的"原生性"问题,认为大学章程缺乏良好的制度运行环境。相关研究认为,大学章程之所以无法发挥实效,是因为大学的治理结构和资源配置方式仍延续了传统路径,无法给大学章程预留必要的运行空间。

(一)大学治理中的路径依赖

1.路径依赖与锁定效应的理论阐释

制度的"路径依赖"理论,最早出现于经济学脉络下的"理性选择制度主义"。美国经济学家道格拉斯·诺思将"经济人"作为理论分析的起点,对制度变迁的两类影响因素做出了阐述。一方面,制度变迁受四种形式的报酬递增因素制约:(1)制度重新创立时的建设成本(set-up cost);(2)与现存的制度框架和网络外部性以及制度矩阵有关的学习效应(learning effect);(3)通过合约与其他组织和政治团体在互补活动中的协调效应(coordination effect);(4)以制度为基础而延续的签约,由于具有持久性而减少了不确定性的适应性预期(adaptive expectation)。① 另一方面,诺思认为由显著的交易成本所确定的不完全市场,亦会影响制度变迁,因为在不完全的市场之下,信息反馈也是被分割的,而交易成本又是

①Arthur W B. Increasing returns and path dependence in the economy[M]. Ann Arbor：University of Michigan Press,1994:1-20.

显著的,所以行动者的主观选择将受不完全的信息反馈及规定路线的意识形态所修正,导致"不仅路径的分叉而且持久的不良绩效将居于支配性,历史上由行动者派生的观念就会规定他们所做出的选择"。① 除了以上两方面原因,诺思认为制度变迁还受到政治、经济的交互作用和文化的制约,在无法以"成本—收益"进行分析的场合,意识形态能够解释相关的"非理性行为"。综上所述,过去的制度及行为,将会对现在和将来的制度及行为产生影响,换言之,制度框架会使某种选择定型,并减少可供选择的路径。② 制度或行为一旦成为一种惯性,人们进一步的路径选择就会产生一种依赖结构。

随后,理性选择制度主义也逐渐加入了综合因素的考量。诺思主要关注的是正式制度,在诺思的理论基础上,格瑞夫将视野拓展到了"自我实施制度"。③ 格瑞夫进一步证明了制度的路径依赖是政治、经济、文化和社会因素的综合作用的结果。格瑞夫选择从历史的视角分析制度,这就让他的分析有了新制度经济史学所不具有的先天优势:"历史制度分析的目标在于,并且它也能够做到,清晰地展示制度的选择过程和影响制度的路径依赖的因素。"④他结合博弈论和历史经验的归纳性分析,得出"过去的制度、经济、政治、社会和文化的特征相互作用,定型了现行制度及其

①诺思.制度、制度变迁与经济效益[M].杭行,译.上海:上海三联书店,1994:128.

②North D C. The contribution of the new institutional economics to the transition problem[J]. Wider Annual Lectures,1997(1):1-18.

③自我实施制度意指"制度博弈者各方在特定的战略局势中,根据自己各自不同的目标与对手进行博弈,自主地选择各自的最优策略,最后求得均衡的过程"。参见:韩毅.历史的制度分析:西方制度经济史学的新进展[M].沈阳:辽宁大学出版社,2002:216.

④韩毅.历史的制度分析:西方制度经济史学的新进展[M].沈阳:辽宁大学出版社,2002:156.

演进"①以及"历史上不同的博弈和均衡之间有着内在的继承和联系"②的结论。

理性选择制度主义的这种转向,与历史制度主义产生了某种契合。历史制度主义者亦从制度经济学中借鉴了基本概念、术语和方法,对制度变迁与制度的路径依赖做出了研究。历史制度主义回归"制度中心"的中观观点,连结宏观的社会结果因素与微观的个体行为,来解释国家与社会的互动,探索特定制度的形成与运作,从制度所在的环境与历史来解释制度的表现及结果。历史制度主义特别强调在制度的形成与运作过程中,权力之间的不对称关系;特别关注历史的发展过程,分析制度的形成与变迁是如何产生路径依赖的。具体而言,历史制度主义中的"路径依赖"强调历史发展中的前期事件和制度范式会出现自我强化机制,从而对后续事件产生影响。③

因此,无论是理性选择制度主义还是历史制度主义,他们皆认为路径依赖有可能造成一种"锁定"(lock-in)状态。从外部视角来看,制度受到那些不可避免的自我增强机制的影响,逐渐产生路径依赖,而这种惯性往往是不可逆的,最终有可能锁定于一种较为劣势的制度。破解这种锁定往往需要外部力量介入,否则制度很可能长久僵化于不良状态。职是之故,初始性路径选择是非常重要的,因为它往往锁定了之后的制度变迁过程。政治制度作为制度环境,是其他社会制度安排的现实前提,它也往往

①韩毅.历史的制度分析:西方制度经济史学的新进展[M].沈阳:辽宁大学出版社,2002:158.

②韩毅.历史的制度分析:西方制度经济史学的新进展[M].沈阳:辽宁大学出版社,2002:160.

③Pierson P. Increasing returns, path dependence, and the study of politics[J]. American Political Science Review,2000(2):251-267.

决定了其他制度的初始性路径选择。政治制度也会表现出路径依赖的特点,不过与经济制度不同,政治制度涉及利益的再分配,"在市场不完全和组织失灵的情况下,会衍生出倾向于维护现有制度结构的组织和利益集团,占主导地位的利益集团会按照自己的利益目标影响制度变迁的进程"①。从根源上讲,政治制度的路径依赖将会对其他领域的制度产生巨大影响。

2. 中国的大学治理:路径依赖的形成与锁定

回溯历史,保障行政机关顺利、高效地实施管理职责,是我国行使行政权力的基调。以《大学令》和《修改大学令》为代表的中国教育制度,可以说是以蔡元培为首的有识之士开展的一项救亡图存式的变革。然而,教育并非是一种孤立存在的事业,它同一个国家的社会、经济、政治和知识环境息息相关,教育制度的现状和发展,是受到各类教育形式、政策和实践等先行因素的影响并在某种程度上由其决定的。在蔡元培担任北京大学校长以前,《大学令》中关于大学自治的规定并没有真正付诸实施,直到他于 1917 年正式就职于北大后,评议会才在他的努力下"成为全校的最高立法机构和权力机构"②。

新中国成立初期,是中国社会新的"秩序形成期"。基于巩固政权和建构新秩序的考虑,"权力高度集中、以控制型秩序为导向的组织形态获得了社会认可,并以此建立起整个社会的结构框架"③。为了让一切走上正轨,政府动用行政力量,将经济、文化、思想等各个领域依照统一的政治

①郭卉.我国公立大学治理变革的困境与破解——基于路径依赖理论的分析[J].湖南师范大学教育科学学报,2011(5):22-33.

②周培源. 蔡元培与北京大学[N]. 人民日报,1980-03-05(4).

③贾西津.民间组织与政府的关系[M]//王名.中国民间组织 30 年——走向公民社会(1978—2008).北京:社会科学文献出版社,2008:189.

标准予以整合,可以说,政治在各领域起着决定性作用,在高等教育领域也不例外。[①] 政府废除了新中国成立之前的调整高等教育领域的法律规定,转而通过各类位阶较低的规范性文件以及政策来管理大学。虽然这些制度具有"对症下药"的现实意义,但这些关涉高等教育的规范性文件,多属行政系统颁布的政策,位阶较低,可变性较大。因此,新中国成立之初并没有形成依法治理大学的传统,采取行政手段是最为主要的方式。

1950年6月颁布的《高等学校暂行规程》确立了集中领导全国各类高校的管理体制。具体而言,旧学校全部被接管和整顿,私立高等学校改制为公立,所有教会学校被撤销,政府成为各类大学的唯一举办者。而后,1950年9月颁布的《关于高等学校领导关系的决定》确立了由中央教育部和省级政府"条条"管理高等教育的体制。1953年10月,政府又公布了《政务院关于修改高等学校领导关系的决定》(以下简称《决定》),正式建立了新中国高等学校的行政管理框架。首先,《决定》构建了分流管理的行政架构,确立了中央高等教育部对军事院校以外的全国高等教育院校的统一领导,领导范围包括高等教育的建设计划(高等学校的设立或停办、院系及专业设置、招生任务、基本建设任务),财务计划(包括预决算制度、经费开支标准、教师学生待遇等),人事制度(包括人员任免、师资调配等),教学制度(包括教学计划、教学大纲、生产实习规程等)。其次,《决定》建立了分流管理的机制,依高校类别的不同(综合性大学、多学科工科高等学校、单科高等学校等),分别交由高校中央高等教育部、中央有关业务部门、学校所在地的大区行政委员会或省、市人民政府或民族自治区人民政府管理。最后,《决定》建立了高校与管理部门之间的协调制度,

---

① 张德祥. 1949 年以来中国大学治理的历史变迁——基于政策变革的思考[J].
中国高教研究,2016(2):29-36.

确保中央高等教育部的领导权。1956年,高等教育部又颁布了《中华人民共和国高等学校章程草案》,于第四十八条规定"高等学校设校、院长一人,由高等教育部提请国务院任命"。至此,中国大学的外部行政管理架构基本成型。

可以说,新中国成立初期,国家权力在社会、经济、教育、文化等各个领域迅速完成社会改造,对于在动荡的局势中维护社会稳定是至关重要的。但是,随着社会的逐步稳定,初始制度的行政管理架构并没有改变,而是随着一系列文件的出台逐步"锁定"。虽然政府逐渐意识到过分强调大学的集中统一,会压制地方办学的积极性,并且中央政府在1958年之后逐渐开始下放权力,但这种改革并没有触及以行政权力管理高等教育的根基,只不过是在中央和地方政府的权力上做出了调整。1958年4月颁布的《关于教育事业管理权力下放问题的规定》提出要改变过去"条条为主"的管理体制,转而采取中央集权和地方分权相结合的原则,促进地方对教育事业的领导管理。具体而言,除了中央教育部或其他部门支援新建的高等学校需要得到中央政府的许可,其他新建的高校都只需由省级政府向教育部备案即可,各地的招生计划、政治思想工作、地方学校的干部和教师、毕业生的分配,原则上都由地方政府管辖,并且地方政府可自行修改中央颁发的教学计划,甚至可自行编写教科书。不过,中央政府的"放权"是以地方政府可否有效接管相应的权力为前提的。一旦地方政府表现出盲目性,中央政府又会收回下放的权力。①

如果说新中国成立后的高校行政管理模式主要是受苏联模式及计

①例如,伴随着1958年的"大跃进"运动,教育领域也开启了轰轰烈烈的"教育革命",高校数量从1957年的229所增加到1960年的1289所,学生数量也从44.12万人增加到96.16万人。教育设施的快速增长大大超出了国民经济的承受能力,高等教育一片混乱,因而政府决定收回不当下放的权限。

划经济思维的影响而致,那么 1961 年中共中央颁布的关于讨论和试行《教育部直属高等学校暂行工作条例(草案)》的指示,则是我国脱离苏联模式、探索社会主义高等教育体制的一次重要尝试。《高教六十条》第七条规定:"教育部直属高等学校,行政上受教育部领导,党的工作受省、市、自治区党委领导。"同时,《高教六十条》规定高校的专业设置、课程设置、教学方案、学制、教师调动、学校规模等事宜,均应经教育部批准。虽然《高教六十条》对当时的教学秩序、教学质量以及科研水平都有一定的正面作用,但其在一定程度上回归了 1958 年之前的集中管理原则。

改革开放之后,"一体化"的权力格局逐渐瓦解,但是教育体制的改革仍依赖政策发展前进。20 世纪 90 年代发布的一系列政策和法律文件,并未摆脱大学行政化管理的路径依赖,而是在此趋势上继续发展。当时颁布的典型文件包括《教育部关于教育部部属高等院校编报统配、部管物资申请计划的规定》《教育部关于试行高等学校教师工作量制度的通知》《高等学校实验室工作暂行条例》《高等学校教职工代表大会暂行条例》《国家教委关于高等学校各级领导干部任免的实施办法》《国家教委关于高等学校基本建设管理职责暂行办法》等,这些文件对大学的组织、运行、基础建设和物资保障等各个方面都做出了具体规定。与此同时,这种行政化的管理体制也扩展到了大学内部,体现于教学与科研的各个环节之中。大学内部的各种机构按照副部级、厅级、处级、科级等行政级别进行排列,不仅学校领导及机关部处实行严格的行政级别标准,学院、研究院以及科研实体也必须有一定的行政级别。①

---

①朱福惠.我国公立大学内部治理结构的"去行政化"探讨——以我国高等教育法第十一条为依据[M]//湛中乐.通过章程的大学治理.北京:中国法制出版社,2011:61.

　　虽然中央政府尝试着扩大高校的办学自主权,如国务院于 1986 年颁布了《高等教育管理职责暂行规定》,明确高校在招生、科研、教学、财务、人事、基建、职称评定和国际交流八个方面享有自主权,但中央政府亦保有视情况回收相应自主权的可能。例如到了 20 世纪 80 年代末期,大学开始承受越来越大的经济压力,一些大学把本来就不多的一点办学自主权用于"创收",使办学质量受到严重影响,有鉴于此,政府又一次回收了下放的自主权。

　　直到 1998 年《高等教育法》出台,高校行政化管理的局面才得到了一定程度的改善。《高等教育法》赋予大学以法人地位,明确规定了大学"依法自主办学"的原则,并通过具体条文明确了高校的自主事项。由此,政府一改"文件治校"的传统,认可了高校的法人资格,并大力推动大学章程的建设,希望大学通过章程来建立符合自己定位的管理体制和机制。

　　从法人自治的角度来讲,大学章程的内容应当是确认大学的外部关系并明确大学的内部控制体系,但这关系到如何理解我国高校的办学自主权。一方面,《高等教育法》第十一条规定大学"依法自主办学,实行民主管理",并于第三十二至第三十八条明确了大学在招生、学科专业、教学、科研与社会服务研究、对外交流与合作、内部行政管理和财务管理上的自主权,这种"总纲＋列举"的方式意味着高校的自主事项并非限定于以上列举之目,只要有法律依据,其他事项也属于高校的办学自主权。另一方面,《高等教育法》《高等学校章程制定暂行办法》《国家中长期教育改革和发展规划纲要(2010—2020 年)》《中国共产党普通高校基层组织工作条例》等法律法规和政策文件①规定了大学内部治理的基本架构是"党委领导、校长负责、教授治学、民主管理",因此,高校的办学自主权受到相关规定的调整。由于高等教育领域的国家法以及国家政策等正式制度并没有发生改变,大学章程作为非正式制度,只能在现存的职权分配和组织结构之下,通过内部的细致修饰,进一步维持传统的高等教育管理的运作模式,而无法在内部治理体制抑或人才培养模式上做出创新,也无法突破既有的制度框架。换言之,大学章程的变迁建立于延续既有制度的前提之上,容易表现出"没有发展的细化"的特点,继而无法破解当下大学管理体制的制度路径依赖。

(二)大学运行中的资源依赖

1.资源依赖的理论阐释

资源依赖理论是由美国的组织行为学家普费瑞和萨兰奇克于1978年提出的,他们认为当时的组织行为研究主要关注组织内部的资源使用效率,但实际上,更应当关注组织赖以生存的资源——任何组织都不可能自给自足,它们必须从外部环境获得资源以求生存。② 依赖的对立面是权力,权力的产生建立在依赖关系上,换言之,某个行为主体所获得的其他主体的依赖,与该主体拥有的权力是成正比的。资源依赖理论从权力

---

①随着党的建设的深入推进,目前认为中国特色社会主义国家治理体系包括三套关键性制度体系:以党的主张为统领的政策制度体系、以宪法为统领的国家法律制度体系和以党章为统领的党内法规制度体系。因此,党内法规和党的政策也是分析高等教育治理的重要制度依据。参见:王伟国.国家治理体系视角下党内法规研究的基础概念辨析[J].中国法学,2018(2):269-285.

②Pfeffer J, Salancik G R. The external control of organizations: A resource dependence perspective[M]. New York: Harper & Row,1978:1.

着手,探讨组织对环境的依赖方向,从而解释组织的行为。

资源依赖理论主要提出了两个观点:一是组织间的资源依赖产生了其他组织对特定组织的外部控制,并影响了组织内部的权力安排;二是外部限制和内部的权力构造构成了组织行为的条件,并产生了组织为了摆脱外部依赖,维持组织自治度的行为。①

组织与外部环境是相嵌的,组织所进行的一切活动,都是对环境的适应和调整的结果。为了生存,组织必须获取和维持相应的资源,但由于资源往往需要从社会的其他组织中获取,因而组织必须与环境中的其他因素进行交易。② 制度也是组织必须协调的因素之一,作为生存于社会环境中的组织,它们越来越受到政府以及各种团体所确立的行为模式和规范的影响,由法规、惯例、观念等组成的制度环境对组织行为的作用也日趋明显。制度的重要作用即减少组织行为的不确定性,在组织行为发生偏离时施以惩罚,同时,制度也决定了组织行为的自由边界。

从制度作为组织行动的约束的角度来讲,组织在正式或非正式制度的约束下,倾向于做出符合相应制度的行为。换言之,合法性是连接组织与制度之间的符号性枢纽。社会学制度主义(sociological institutionalism)认为,行动者无法在制度、习俗、社会规范或法律程序间自由选择,当行动者嵌入外在的历史、文化环境时,他们的倾向并不能轻易被视作是功利主义的自身利益最大化,相反,他们是出于合法性的考虑,或是认知方面的原因而表现趋同。在社会学制度主义者看来,合法性不仅仅指依据法律制度做出的评价,而且还包含文化制度、观念制度、社会期待等非正

---

①Donaldson L. American anti-management theories of organization:A critique of paradigm proliferation[M]. Cambridge:Cambridge University Press,1995:130.

②菲佛,等.组织的外部控制——对组织资源依赖的分析[M].闫蕊,译.北京:东方出版社,2006:1-2.

式制度的评价,这一正面评价将驱使组织做出符合制度评价的行为,因为只有这么做,组织才能更好地生存与发展。因此,社会学制度主义所谓的"合法性",更接近于法学界的"正当性""合理性",意指各类组织期待获得社会的价值肯定。

当然,合法性的评价标准并非始终如一的。韦伯将合法性划分为传统型的合法性、魅力型的合法性和法理型的合法性,并认为服从形式理性之法是保障组织自我发展、达成组织追求自我目的的最重要的方式;帕森斯则在韦伯的形式化的合法性的基础上,将社会的价值体系作为合法性的来源,认为"制度模式根据社会系统价值基础被合法化"①;1977 年,美国社会学家迈耶和罗恩发表了《制度化的组织:作为神话和仪式的正式结构》一文,首次将认知方面的因素纳入了组织合法性研究的范畴,该文认为许多组织制度与组织行为之所以表现出趋同性和模仿性,不是因其追求效率所致,而是因为它们需要获得合法性的认可,合法性的来源是多种多样的,包括公众意见、重要选民的意见、通过教育所传授的"合法"认识、社会声望、法律以及法院对于"疏忽"和"谨慎"做出的规定。②

随着"开放组织"取代"封闭组织"并逐渐成为通说之后,社会学制度主义者所关心的一个问题是:组织结构为什么会相似,即为什么会出现组织趋同的现象? 1983 年,美国社会学家迪马吉奥和鲍威尔于《铁的牢笼新探讨:组织领域的制度趋同性和集体理性》一文中提出,各类组织除了要竞争资源和消费者,还要为了政治权力、制度合法性而竞争,以获得社会和经济的正当性。为了理解现代组织生活中的政治和仪式,他们提出

---

①帕森斯.现代社会的结构与过程[M].梁向阳,译.北京:光明日报出版社,1988:161.

②Meyer J W,Rowan B. Institutionalized organizations:Formal structure as myth and ceremony[J]. American Journal of Sociology,1977(2):340-363.

了制度趋同化的三种机制。其一,强迫性机制(coercive isomorphism),这主要是指政治力量对组织存在之正当性的影响,组织一旦受到正式的或非正式的制度(主要是指政府制定的法律、法规)所施加的压力,会被迫符合环境的要求,否则就受到惩罚。其二,模仿性机制(mimetic isomorphism),这主要是指组织适应不确定环境的需要,组织会自觉或不自觉地模仿同领域合法的、成功的其他组织的行为和做法,使自身更好地、更安全地在环境中生存与发展。其三,规范性机制(normative isomorphism),这主要是指组织受到的专业性评价的影响,即特定职业包含着共享观念、共享思维,它诱使或迫使组织采取与其一致的形式和做法,以获得正当性的认可。① 换言之,他们亦延续了将认知因素加入合法性的范畴的做法,认为组织必须遵从一般社会价值体系,而且特别受到其参与者认可的职业标准或专业标准的制约。② 因此,学校、政府和公司均存在着制度同形现象,它们之所以能维持持续性,是因为它们"被视为当然现象而得到认可和接受的特征,及其在某种程度上在自我维持的结构中再生产其自身的特征"③。

在分析完制度趋同的发生机制之后,迪马吉奥和鲍威尔又对哪些组织场域中的组织在结构、过程和行为方面会表现出高度趋同做出了预测:(1)一个组织场域在关键资源上依赖于某个单一(或几个类似)的来源的程度越高,则该场域中的组织趋同程度就越高;(2)一个场域中的组织与

①DiMaggio P J, Powell W W. The iron cage revisited: Institutional isomorphism and collective rationality in organizational fields[J]. American Sociological Review, 1983(2): 147-160.

②DiMaggio P J, Powell W W. The iron cage revisited: Institutional isomorphism and collective rationality in organizational fields[J]. American Sociological Review, 1983(2): 147-160.

③鲍威尔,迪马吉奥.组织分析的新制度主义[M].姚伟,译.上海:上海人民出版社,2008:11.

政府机构之间的交易程度越高,则作为一个整体的场域中的组织趋同性程度就越高;(3)一个场域中可替代的重要组织模式的数量越少,则场域中的趋同速度就越快;(4)一个场域中的技术不确定性越大,目标越模糊,组织趋同的速度就越快;(5)一个场域的专业化程度越高,发生制度趋同的组织数量就越多;(6)一个场域的结构化程度越高,场域中组织的趋同程度就越高。①

总之,社会学制度主义及其对组织/制度趋同的分析,对我们跳出立基于"科层制"的效率分析的桎梏,从大学所处的结构化的场域来分析当下我国大学章程为何在实践中未发挥实效有良好的启发意义。

2.大学运行的资源依赖

求得生存是组织的本能,因此,组织必须通过与外界环境进行交换而获取资源,毕竟任何组织都不能自给自足。一方面,组织要从环境中获取社会和经济上的正当性,就此而言,资金支持和人力资源就是不可缺少的原材料;另一方面,任何社会组织若要安全地生存于环境之中,其设立和运行就必须是合法的,组织行为必须符合上位法和宪法的规定,这属于最低限度的合法性要求,即合法律性。虽然法规范意义上的合法性,通常仅以法规等正式规范为关注焦点,但是中国高等教育管理体系的规范依据实际上是一个由法规范、超越或游离于法规范之外的政治政策规范、政府部门的行政规范构成的"综合体",法规范只是政府管理高校的众多依据之一。因此,高校不仅应当满足正式规范所提出的制度要求,实际上还应当满足党和政府各类文件中的政治规范和政策规范的要求,以实现自身的合法性评价。实践表明,各类规范性文件往往在高等教育管理体系中

---

① 鲍威尔,迪马吉奥.组织分析的新制度主义[M].姚伟,译.上海:上海人民出版社,2008:81-83.

起到支配和主导作用。

组织的资源依赖性决定了组织在一定程度上无法独立于环境,尤其当资源越是稀缺的、独占的时候,组织对于资源提供方的依赖性就越强,继而表现出组织趋同的问题。

在计划经济时代,"单位"是掌握社会资源并影响社会成员生活方式的组织连接点。各个组织为了生存,一来需要通过行政权力控制下的计划分配来获取生产资料,二来需要在承担自身的专业功能之外,履行必要的政治功能,以此获得合法性。具体而言:首先,单位的资产、经费主要是靠国家的财政拨款,资产的使用效率主要取决于行政组织系统的权威和资产使用者对这种权威的服从程度;其次,单位领导是上级机构任命的国家干部,他们的首要职责是完成上级党政机关下达的各项任务,领导人的任职与晋升服从于行政组织的规则和程序;再次,单位的职务是由政府的劳动部门按国家计划分配来的,国家统一规定工资标准、劳动保险和福利待遇;最后,国家及其行政机构制定的各种规章制度及党内规范,约束着单位行为的合法范围。① 可以说,"单位制"是理解作为事业单位的高校的制度背景。

随着改革开放的逐步推进,社会组织对于国家的依附性有所减弱。自 20 世纪 80 年代中期以来,越来越多的法律文件赋予了事业单位以法人身份,大学也不例外。1986 年颁布的《民法通则》一举改写了 1963 年《国务院关于编制管理的暂行办法(草案)》所创设的行政、事业和企业的编制类别,率先做出了企业法人和非企业法人(机关法人、事业单位法人和社会团体法人)的分类。进而,大学拥有了作为事业单位法人的民事法律主体地位。此后,其他有关高等教育的法律也认可了大学的民事主体

---

① 路风. 单位:一种特殊的社会组织形式[J]. 中国社会科学,1989(1):71-88.

地位。例如,1995 年颁布的《教育法》于第三十二条第二款规定:"学校及其他教育机构在民事活动中依法享有民事权利,承担民事责任。"1998 年颁布的《高等教育法》于第三十条第二款规定:"高等学校在民事活动中享有民事权利,承担民事责任。"

虽然法人制度为扩大大学的办学自主权提供了法律保障,但由于我国法人制度的设计仍保留了计划经济的色彩,"事业单位法人"的法律地位并未让大学脱离政府的资源供给,因此,大学的生存与发展仍在一定程度上依附于政府。当下,大学发展的重要资源,如教育政策、招生指标、人员编制、教育科研经费等,仍主要由政府提供。由于等待政府提供资源的高校数量众多,而这些资源往往由政府完全掌握和控制,因此大学要想获得生存与发展,就必须遵从上级主管部门提出的计划和相关指标,通过提高学校的身份等级、扩展招生规模来实现。在此过程中,大学从组织上表现出趋同性。

我国公立大学的经费主要包括国家财政性教育经费、学杂费和其他收入,其中国家财政性教育经费是大学经费的主要来源。根据《2016 年全国教育经费统计快报》,2016 年全国教育经费总投入为 38866 亿元,其中,国家财政性教育经费为 31373 亿元,比上年增长 7.36％①,因此,国家财政性教育经费是高校获取财政资源的主要来源。总体而言,与世界发达国家相比,我国的国家教育经费投入并不占优势。自 1999 年我国进入高等教育大众化阶段起,在之后的近十年里,我国财政性教育经费占GDP 的比例一直徘徊于 2.79％～3.48％,这一数值不仅一直没有达到1993 年提出的 4％的目标,中间还有回落现象。反观同期世界其他国家

---

①2016 年全国教育经费统计快报发布[EB/OL]. (2017-05-03)[2018-04-27]. ht-tp://www. moe. gov. cn/jyb_xwfb/gzdt_gzdt/s5987/201705/t20170503_303595. ht-ml? from＝singlemessage&isappinstalled＝0.

的数据,财政性教育经费的平均水平是 4.4%,东亚、太平洋地区是 4.7%,大部分发达国家到达了 5%,甚至高达 6%。[1] 在我国教育经费投入不足的同时,全国高校的数量却只增不减,甚至还有急剧扩大的趋势。例如,广东省教育研究院于 2018 年 3 月发布的《广东教育改革发展研究报告》提出,在未来的 10 年里要建 30 所以上的高校。[2] 在此情况下,高校资源更为有限。

国家对大学的资源分配一直以择优分配、课题导向为特点。从新中国成立初期的重点大学建设到后来的"211 工程""985 工程"项目的推进,以及"双一流"大学的建设,这些项目均表明,名列其中的高校有相对充足的资金进行学科调整、管理制度改革和基础设施建设等,但这同时也导致大学为了获得外部资源,必须尽力配合政府提出的各项要求,这就在一定程度上削弱了高校的自主性与独立性。另外,为了获得更多的经费,高校往往会集中研究政府发布的急需解决的问题。以人文社会科学为例,据学者统计,全国哲学社会科学规划办公室、教育部、科技部、人力资源和社会保障部及地方政府部门掌握着各类项目、工程、计划和奖励的资源,几乎垄断了学术研究的国内公共资源[3],这些科研经费占据了高校所有科研经费的一半以上。是故,从资源依赖的视角来看,受国家财政性教育经费投入的有限性与投入方式的人为性影响,加之国家财政性教育经费在大学经费中占比较大,大学在依赖的同时必然需要对政府的要求做出积

①王胜今,赵俊芳.我国高等教育大众化十年盘点与省思[J].高等教育研究,2009(4):29-33.

②王倩.广东急需增加高等学校数量 未来 10 年需建 30 所以上[EB/OL].(2018-03-19)[2018-04-27].http://news.ycwb.com/2018-03/19/content_26124243.htm.

③郑永流.学术自由及其敌人:审批学术、等级学术[J].学术界,2004(1):178-186.

极回应,从而导致了大学的组织趋同。

除了资源依赖,大学的目标模糊,亦会导致组织趋同的问题。20 世纪 70 年代,美国学者维克(Weick)提出了松散联合系统(loosely coupled systems)理论,意指组织中彼此联合的各个部分之间虽然互有回应,但是各个部分都保有自己的身份特征和运行逻辑,他认为大学就是一个典型的松散联合组织。① 大学中最主要的两种机制即学术机制和行政机制。在学术机制下,相关要素都是专业技术型的,任务、子任务、角色、地域和人员都是受任务驱使而彼此联结在一起;在行政机制下,相关要素包括职位、办公室、职责、机会、奖励和制裁,这些要素将大学这一组织联系在一起。松散联合系统理论认为,这两种机制都不能单独享有突出地位,它们彼此影响,但又各成体系。虽然松散式的结构令整个大学系统可以更好地感知并适应周围环境的变化,但却降低了系统作为一个整体的调控能力。大学在组织目标上的模糊性,就是松散联合系统的弱点之一。有学者指出,企业最清晰的目标就是赚取利润,但是高等教育却由于内部分化而难以取得一致目标,也无法适用类似于"资产负债表"的形式来帮助高校记录是否达成了自己的目标。②

根据社会学制度主义的观点,当一个组织的目标模糊不清时,该组织可能以该场域中看上去更为成功或更具合法性的类似组织为模仿对象,来适应自己所处的不确定环境。在高等教育场域中,"211 工程""985 工程""2011 计划"和"双一流"建设高校往往被视为"佼佼者",它们在社会

---

①Weick K E. Educational organizations as loosely coupled systems[J]. Administrative Science Quarterly,1976(1):1-19.

②伯恩鲍姆.大学运行模式:大学组织与领导的控制系统[M].别敦荣,等,译.青岛:中国海洋大学出版社,2003:12-13.

上拥有良好的声望,拥有良好的生源,同时也能获得政府的大力资助①,因此,这些高校的办学模式成为其他高校竞相模仿的对象,继而导致以下三方面的趋同。

首先,大学的办学类型逐渐趋同。"不论是高职院校、地方院校、还是单科性院校,各所学校都在专升本—拿硕士点—拿博士点—竞争'211'—竞争'985'—最终成为'清华''北大'式的综合性研究型大学的模式上前行"。② 其次,大学的专业设置趋同。部分大学在设置专业时完全没有考虑自身的实际情况,也没有进行相关的市场调查,只是盲目地扩大专业规模。"不少大学尤其是地方大学的治校者似乎以为只有学科齐全,有高层次的学历教育,有万人以上的学生规模,才有大学之气派,才会有社会竞争力、影响力,才能真正称为大学。"③由于专业的设置不以学校特色为中心,而是以时代的潮流为风向标,因此,学校在盲目扩大专业规模的同时,也面临着日后取消专业的尴尬。最后,人才培养目标趋同。社会需要包括领导型人才、中层管理型人才、研究型人才、操作型人才等不同定位的人才,他们往往不能只由一类大学来培养,而必须由不同层次、不同类型的大学来协同完成。然而,在经历了追求综合性研究型大学的超常发展后,高校人才培养模式日趋单一,应用型人才的缺失与研究型人才的过剩

①数据显示,2009—2013年,全国高等学校财政性科研经费的70%以上是由"211工程"高校获得的,其余2000多所高校只获得了不到30%。大多数"985工程"高校的科研经费,在60%以上是来自财政拨款的,其他"211工程"高校大致在40%以上,而非"211"高校则普遍低于40%。211与985工程高校拿走全国七成政府科研经费。[EB/OL].(2014-11-19)[2017-06-05]. https://news. cntv. cn/2014/11/19/ARTI1416348724278172. shtml.

②李斌琴.寻求合法性:我国大学趋同化机制解析——从重点大学政策说起[J].高教探索,2012(1):14-17.

③眭依凡.大学校长的教育理念与治校[M].北京:人民教育出版社,2001:128.

形成了鲜明的对比。2012 年,上海市教委的就业调查显示,高校与用人单位在人才与市场的匹配认同度方面存在着巨大差异:一方面,"985 工程""211 工程"等重点高校认为自己 100％满足了人才培养要求,一般本科院校的认同比例为 61％;另一方面,本科毕业生的认同度只有 51％,用人单位的认同度仅为 47％。① 因此,从大学的办学类型、专业设置和人才培养目标来看,强调共性、忽视个性的模仿心态,在很大程度上造成了大学的趋同化,制约了大学各自特色的发挥。

如前所述,资源依赖产生了大学组织的趋同问题,与此同时,我国大学章程建设的强制性机制要求各高校必须依照国家的相关制度制定章程②,进一步弱化了大学章程能够良好运行的制度环境。虽然对已设立的大多数大学而言,其成立之初并未要求制定章程,但由于《高等教育法》规定大学章程是设立大学的合法性要件之一,故事后"补订"章程是高校证成自身存在的合法性的重要措施。因此,全国各类高校纷纷着手制定大学章程。然而,自行制定章程面临着诸多不确定因素,那些先行核准生效的章程便成了其他高校效仿的对象。自 2013 年教育部首批核准的高校章程发布后,它们便具有了"权威性"抑或"正确性"的内涵,参照已核准的制度来制定大学章程,被认为是相对保险的、高效的做法。实际上,这种"趋同"的制度设计往往忽视了不同大学面临的实际情况和历史背景的差异,继而进一步削弱了其获得良好实效的可能性。有学者对"211 工程"高校的章程进行定性研究,发现至少有 108 部大学章程的结构是因循以下模块的:学校发展概况、学校发展目标、学校基本信

---

①李雪林.中国高校模式趋同质人才培养趋单一[N].文汇报,2012-12-02(2).

②2014 年,教育部办公厅发布了《关于加快推进高等学校章程制定、核准与实施工作的通知》,规定"要把推进章程建设作为体现学校办学水平和治理能力、衡量领导班子管理水平和改革精神的重要标志,纳入高校评估、领导班子考核的重要内容"。

息、举办者与学校的权利义务、学校内部治理结构、学校成员、外部关系、学校标识、财务、资产与其他公共资源管理以及章程的制定、修改与规范。①

三、小结

根据已有研究的观点，大学章程之所以存在文本大于实效的问题，与我国大学章程所处的制度环境密切相关。新中国成立初期，我国因袭苏联的高等教育管理体制，采取政府集中管理大学的模式。虽然随着时代的变迁，政府的职能和调控手段都发生了变化，但国家本位的政策范式仍深度影响高等教育实践。而今推崇高校按章办学，主张大学章程是利益相关者对于大学内部的治理结构设置和权利义务安排达成的合意，实则难以破解旧有体制下的"权力惯性"②。与此同时，政府作为大学章程建设的主要推手，又进一步增加了大学章程的行政色彩。由于大学旧有的运行逻辑未能打破，在此前提之下，章程制定的顶层设计形式大于实质，章程难以在实践中担负起治校依据的重任。

若进一步梳理已有研究，不难发现其所蕴含的共同逻辑：第一，虽然我国大学章程的制度建设，表现出自上而下强制性制度变迁的特点，但其最终目标是实现让"大学依照章程实行自主管理"的制度目标。第二，大学章程的实施之所以存在困境，是因为行政主导的权力格局尚未发生实

---

①余怡春.现代大学章程现状研究——基于110部高校章程文本的NVivo分析[J].宁波大学学报（教育科学版），2018（2）：41-49.

②"权力惯性"意指当权者的一些权力行为方式在较大的空间范围内扩张、较长的时间范围内延续，并且在频率上不断重复，从而形成了较为稳固、难以打破的权力形态。参见：李威，熊庆年.大学章程实施中的权力惯性[J].复旦教育论坛，2016（6）：75-80.

质性改变。但若是将眼光放得长远一些,在国家治理体系和治理能力现代化的步伐之下,随着中国法治发展的日渐完善,一旦大环境能够释放高校自主发展的活力,那么大学章程运行实效欠佳的问题便能迎刃而解。第三,自改革开放至今,中国的大学治理方式已发生了深刻的变化,简政放权是深化高等教育体制改革的关键词之一。诚然,高校"放管服"的实现亦对高校的治理能力提出了新的要求。大学章程作为高校的"基本法",应当发挥统领校内规范性文件的制度功能,形成规范的校内秩序。因此,大学章程应当对大学内部的组织结构体系与职权归属做出精确、合理的安排,避免大学成员的权利受到不当侵犯,以实现通过章程的现代大学治理。

　　然而,前述对大学章程的理解,却存在以下三个问题。第一,难以通过大学章程化解政府与高校之间的张力问题。如果认为"厘清政府与高校的权职边界是章程制定最重要、最核心的问题"①,那么从实际层面来讲,其忽视了大学章程尚不具备法律地位的现实,更为重要的是,其忽视了大学章程所包含的"个体—高校—国家"这一结构性问题。换言之,现有的研究多是秉持形式主义的立场,将前述结构性问题转化为以科学研究自由为代表的基本权利的防御功能问题,未能从实质层面理解大学章程与国家高等教育制度体系的关系,使大学章程中的政府与高校关系,陷入难以化解的矛盾之中。第二,难以区分大学章程与其他校内规范性文件的关系。有学者注意到了大学章程与高校校规的不同,并从法律效力的最高性与制度内容的纲领性做出了区分。② 但

---

①阮李全.大学章程对高校办学自主权的界分与保障[J].现代教育管理,2015(10):7-13.

②湛中乐,徐靖.通过章程的现代大学治理[J].法制与社会发展,2010(3):106-124.

是,这种区分仍停留于表面,未能对大学章程的实质精神加以阐释,继而也难以明确其作用机制。第三,未能立足我国宪法上的国家高等教育制度对大学章程进行规范解读。我国《宪法》中有诸多涉及国家高等教育制度的规范条文,但现有研究聚焦于科学研究自由权,忽略了宪法所蕴含的国家高等教育制度的深层运作逻辑。在中国宪法的框架下,大学章程的制度定位究竟应当做何理解?其与西方的大学章程有何不同?现有研究均未能在宪法的框架下,为当代中国大学章程的制度定位及其作用机制提供系统回答。

前述问题的存在,昭示了已有研究方法的不足。若要攻克前述问题,需要一种研究大学章程的新视角。后续章节拟从以下方面进行突破:首先,从宪法视角出发,在"个体—高校—国家"之间建立更为恰当的关联,使大学章程不成为仅具技术理性的职权分配制度;其次,揭示大学章程在特定高校这一"共同体"中的独特作用,阐明大学章程的制度定位并非仅在技术理性层面;最后,试图在大学章程与宪法之间建立更为清晰的关联,指出大学章程如何在宪法提供的价值前提下进行系统运作,成为高等教育法治化的重要组成部分。

第三章　当代中国大学章程的
制度定位:反思与重构

　　高等教育是中国特色社会主义建设的一个子系统,高等教育制度体系亦彰显出中国特色社会主义的个性与特征。大学章程是上承国家法、下至校内法的"枢纽",以具象化的规则形式将大学的文化底蕴与办学理念加以呈现,对建设中国特色世界一流大学具有重要意义,也对实现高等教育高质量发展起到良好的制度保障作用。当代中国大学章程的发展历程,揭示了中国高等教育制度体系独特的观念基础与运行逻辑。因此,不能仅从西方大学章程作为"自治法"的角度来理解当代中国大学章程的制度定位,而必须将其纳入中国高等教育制度的体系性视野当中加以阐释。本章拟剖析隐藏于大学章程学理分析之下的基本权利保障命题,提炼其所具有的共同逻辑,阐述其在宪法统领下的中国高等教育制度体系中所表现出的局限性,继而对中国大学章程的制度定位做出正本清源的思考。

一、大学章程中的基本权利观及其反思

（一）大学章程与基本权利

西方大学章程的发展历程表明，虽然不同国家的文化历史传统和社会政治结构等方面均存在差异，但大学章程较为清晰地表现出了界定"国家—高校"之权限边界的功能特征。之所以表现出这一发展共性，是因为西方大学章程的制度定位以学术自由的防御权面向为基础，大学章程肩负着厘清大学内外部法律关系构造的重任。

学术自由入宪的历程，可以追溯至 19 世纪中期，德国认为只有将学术自由价值转换为法定的学术自由权，学术活动主体对现实利益的主张才能得到法律救济。同时，当时的德国宪法学界认为，基本权利应以自由观念为基础，而不能建立在源于警察国时代的制定法之上。① 根据施密特关于"基本权利体系"的分类，基本权利主要包括三种：自由权、政治权利和社会权。② 其中，自由权的历史最为悠久，属于"前国家的、绝对的权利"；政治权利是一种"政治上的身份权"，是指国家依据平等原则来确认公民（持有国籍者）身份；社会权是基本权利发展到一定阶段产生的现象，意指为了建立符合公平、正义的社会秩序，国家有义务消除人民经济上及社会地位上的不平等，保障个人能够享有符合人性尊严的最低生存条件、

---

① 格林. 基本权利在德国的地位——宪法裁判 65 年实践后的考察[J]. 林彦，译. 华东政法大学学报，2017(1)：20-33.

② "社会权"的概念主要有两种适用路径：其一，指称一组范畴性的基本权分类概念，作为与古典自由权相对应的一个概念；其二，指称抽象的基本权功能面向之一，即基本权利的主观面向中的受益权功能，而非指称具体的基本权。本书所用的"社会权"采第一种路径。

维护社会安全。在德国传统的宪法学说之中,国家仅对自由权负有保护义务。因此,自由权表现出强烈的防御性,其为个人勾勒出了一个相对于国家的私领域,个人可以依此限制和排除国家对这些领域的干预。①1848 年,作为公民抗争之产物的《法兰克福宪法》将学术自由写入了宪法文本。在此之后,《普鲁士宪法》《魏玛宪法》以及《德国基本法》均继承了将学术自由列为基本权利的传统。由此,学术自由作为基本权利的地位得以确立,其内涵主要包括"学的自由"(lernfreiheit)和"教的自由"(lehrfreiheit)。②"学的自由"意指学生在学习环境中并不会面临行政强制,"教的自由"则让教授豁免于演讲及发表内容的审查。

德国学术自由的宪法内涵,也促进了《美国宪法》关于学术自由保障的体系构建与制度发展。19 世纪后期,美国若干名经济学教授因与高校管理层发生冲突,引发了高校教师的岗位动荡。其中,影响最大的即 1900 年斯坦福大学经济学教授爱德华·罗斯(Edward Ross)因提出了"民粹主义"的经济学理论,惹怒了斯坦福大学创始人的遗孀,进而失去了其在斯坦福大学的职位。为了形成一个能够代表教师利益的组织,确保教师能够自由表达自己的思想,美国于 1905 年创立了"美国大学教授协会"(American Association of University Professors,AAUP)并正式通过了《学术自由和教员任期原则宣言》(*Declaration of Principles on Academic Freedom and Academic Tenure*)。

在后麦卡锡时代,美国联邦最高法院在相关判决中引用了宪法第一修正案"国会不得制定关于下列事项的法律……剥夺言论自由或出版自

---

① 赵宏.社会国与公民的社会基本权:基本权利在社会国下的拓展与限定[J].比较法研究,2010(5):17-30.

② 赖晓黎."大学之理念"再思考——从洪堡与曼谈起[J].教育与社会研究,2009(6):33-77.

由……"作为学术自由的宪法依据,由此,学术自由获得了法律认可并具有了法律效力。虽然宪法文本并未明确论及学术自由,但美国法院均认为通过法律解释,可以将学术自由作为一项基本权利进行保护。以1957年的斯威齐诉新罕布什尔州政府(Sweezy v. New Hampshire)一案为例,该案标志着最高法院承认了作为宪法权利的学术自由权。在本案中,新罕布什尔大学教授斯威齐因涉嫌参与颠覆性组织而受到了新罕布什尔州总检察长的询问。斯威齐拒绝回答与其演讲及课堂内容有关的问题,最后他因藐视法庭罪而被执行监禁。斯威齐不服判决,提起了上诉。沃伦首席大法官执笔的多数人意见,认为总检察长的询问非属立法机关授权其调查的范围,违反了《宪法第十四修正案》规定的正当程序条款。同时,最高法院更是开创性地在多数人意见中指出斯威齐依据第一修正案享有的"学术自由和政治表达"受到了侵犯,并因此驳回了州法院的判决。最高法院引用了法兰克福特大法官在维尔曼案中的说理,认为学术自由受宪法的保护。法兰克福特大法官还援引了《南非开放大学》一书的观点,罗列了大学的"四项基本自由":"谁来教、教什么、怎么教、谁被教。"①在此后的类似案件中,这四项基本自由一直被美国法院视为学术自由的经典内涵。

综上所述,以德国和美国为代表的西方国家,宪法上的学术自由以防御权功能为底色。公民行使学术自由权无须任何正当化理由,反之,国家限制公民的学术自由权必须具有宪法上的正当性。行政权对学术自由只有消极的保护权,它只在"维护安全与秩序"的狭小范围之内发挥作用。虽然随着"福利国家"以及强调社会与国家进行合作的"公共治理国家"等理念的出现,基本权利的受益权功能和客观价值秩序功能也顺势登上了

①Sweezy v. New Hampshire, 354 U.S. 234, 1957.

历史的舞台,行政权亦不再僵硬地恪守"控权论",转而积极、主动地为基本权利的实现创造条件,但总体而言,在西方立宪主义的宪法视角下,学术自由依旧以个体对抗国家为其功能本质。相应的,大学章程的制定地位呈现出鲜明的技术性特征,明确大学与政府的职权边界划分标准,不断优化职权划分的科学性、合理性是大学章程制度发展的追求。

我国《宪法》第四十七条规定:"中华人民共和国公民有进行科学研究、文学艺术创作和其他文化活动的自由。国家对于从事教育、科学、技术、文学、艺术和其他文化事业的公民的有益于人民的创造性工作,给以鼓励和帮助。"其中,"科学研究自由"是我国宪法对学术活动的保障。同时,若结合《宪法》第三十三条第三款"国家尊重和保障人权"的规定,进一步将我国宪法上科学研究自由的视野拓展至世界人权领域,可发现《世界人权宣言》《经济、社会和文化权利国际公约》等具有重大国际影响力的国际人权法文件,对理解科学研究自由的宪法内涵也具有参照意义。

《国家中长期教育改革和发展规划纲要(2010—2020年)》规定,大学制定章程应"尊重学术自由,营造宽松的学术环境",2012年教育部出台的《全面推进依法治校实施纲要》亦强调"要依法建立健全保障师生的研究自由、学习自由和学术自由的体制、机制",同年教育部出台《高等学校章程制定暂行办法》第五条规定:"高等学校的举办者、主管教育行政部门应当按照政校分开、管办分离的原则,以章程明确界定与学校的关系,明确学校的办学方向与发展原则,落实举办者权利义务,保障学校的办学自主权。"2016年,教育部印发《依法治教实施纲要(2016—2020年)》,要求"大力推进学校依章程自主办学"。结合宪法与相关政策,学界亦从"大学章程是分配大学举办者、管理者和参与者权利(力)的依据"[1]的角度,来

---

① 刘璞.我国公立大学章程法律性质辨析[J].法学教育研究,2011(2):224-236.

阐释大学章程的制度定位。

然而,我国《宪法》上的基本权利表现出了与西方不一样的发展脉络。我国《宪法》于第二章明确规定了公民的基本权利,但相较于基本权利的防御权功能,我国宪法更为注重基本权利的客观价值秩序功能。具体而言,《宪法》分别于第三十三、三十六、四十、四十二—五十条,以"国家保障""国家发展""国家帮助""国家培养"或"国家保护"等措辞强调了基本权利的客观价值秩序功能,而只于第三十六至第四十条对基本权利的防御权功能作了规定。① 可以说,我国《宪法》关注的是国家对社会的形塑作用,强调国家有必要创造和维持有利于基本权利实现的条件,为基本权利的实现提供制度保障和组织程序保障。以科学研究自由为例,我国《宪法》第四十七条确认公民的自由之后,又于该条进一步强调了国家对于教育、科研工作所负有的鼓励和帮助的义务。《宪法》的这种制度安排,与我国的法治发展路径密切相关,"中国法治化进程主要是政府主导……它强调在市场经济羽翼未丰,民主化进程有待推进,社会自治能力较为欠缺的情况下,在不排斥社会对法治推动力的前提下,政府在某些领域运用一定的强制力规制经济和社会的法治建设"②。因此,就保护公民的基本权利而言,我国的行政权力并非以"控权"为起点,相反,保障行政机关顺利、高效地实施管理职责,被认为是维护公民权利的必要手段。

就此而言,若是在强调科学研究自由之防御功能的角度来描述当代中国大学章程的制度定位,便忽视了我国宪法所描绘的基本权利体系蓝图。结合政府在大学章程建设中扮演着主要甚至唯一推动者的角色来

---

① 郑春燕.基本权利的功能体系与行政法治的进路[J].法学研究,2015(5):28-38.

② 孙笑侠,郭春镇.法律父爱主义在中国的适用[J].中国社会科学,2006(1):47-58.

看,可以从国家着力推动教育领域的法治建设、为基本权利提供制度性保障的角度获得新的解释。

(二)既有研究的反思

不可否认,经典宪法理论所描摹的"保障个人权利、限制政府权力"的宪法功能已深入人心。但是,我国《宪法》对基本权利功能体系做出的规范勾勒,要求从不同于西方的视角,来理解当代中国大学章程的制度定位问题。若要实现这一目标,则需要更新宪法研究的方法论。

首先,宪法是一部具有高度政治性、社会性的法律,其价值并非逻辑演绎的产物,而是"宪法规范所蕴藏的价值与时代精神之间的交互影响"①的产物,这要求宪法研究既能够面向规范,也能够面向经验。换言之,宪法"不仅是规范,同时也是现实"②,规范与经验之间并非对立或紧张的关系,而是共生与共存的关系,宪法唯有保持弹性,才能适应于公民与国家互相影响的、持续更新的宪法生活。其次,宪法有其独特的调整对象,即不断更新的国家生活,宪法亦具备特有的整合价值,即"明定国是和取信于民"③。从宪法整合的视角出发,基本权利并非对权力边界的技术性表达,而是一种促成国家团结的文化、价值理念。④

然而,已有研究忽视了宪法的整合价值,导致大学章程的研究存在以下两个问题:其一,无论是强调我国宪法上的科学研究自由权在"为了实现人的个性的充分发展"上的作用,抑或是在"为了实现知识的自由生产和流通"的作用,都表现出了价值中立的、具有"技术法"属性的特征,在此

---

①李忠夏.中国宪法学方法论反思[J].法学研究,2011(2):160-172.

②斯门德.宪法与实在宪法[M].曾韬,译.北京:商务印书馆,2020:101.

③斯门德.宪法与实在宪法[M].曾韬,译.北京:商务印书馆,2020:7.

④斯门德.宪法与实在宪法[M].曾韬,译.北京:商务印书馆,2020:201.

视角下,大学章程的主要功能便是划定国家、高校与公民个体之间的界限,驯服国家权力的行使。此类研究固然有必要的合理性与现实意义,但未充分意识到《宪法》并不意在给特定对象套上基本权利的"外衣"。从《宪法》的表述来看,科学研究自由权的适用对象皆为"中华人民共和国公民"。《宪法》做如此限定,实则宣告了基本权利与文化体系的密切关系,而这恰是已有研究所未注意到的。

其二,既有研究主要从个体权利的角度分析大学章程的制定与实施,却未将其置于宪法的整体结构之中加以思考。如此一来,国家、高校与个体之间的对抗关系被放大,三者之间的其他关系则被不同程度地忽视。实际上,中国特色社会主义高等教育制度有着自身独特的观念基础与运行逻辑,而立宪主义视角下的权利分析忽视了现行制度背后起支配作用的内在机理。我国国家领导人多次强调,教育是"国之大计、党之大计","是民族振兴、社会进步的重要基石",对"实现中华民族伟大复兴具有决定性意义"[①],此言明确体现了高等教育与国家的密切关系。职是之故,有必要从个体与共同体的关系这一宪法结构性视角出发,对大学章程的制度定位加以全面解读。

二、中国高等教育制度的宪法规范阐释

西方大学章程的发展历程与建设经验固然对我国具有一定的参考意义,但由于其建立于西方的国家社会关系模型之上,因此,应当先行甄别其底层的制度逻辑,才能在具有主体意识的前提下,开展有学理意义的比

---

①习近平在全国教育大会上强调 坚持中国特色社会主义教育发展道路 培养德智体美劳全面发展的社会主义建设者和接班人[EB/OL].(2018-09-11)[2022-04-10].http://edu.people.com.cn/n1/2018/0911/c1053-30286253.html.

较研究。宪法作为一国政治秩序的整体决定，其效力能够影响和辐射至社会各个领域，高等教育制度亦不例外。是故，大学章程作为高等教育制度体系的重要组成部分，需放置于宪法的语境下才能获得制度逻辑的体系性阐述。

规范解释是法学研究的基本方法，宪法的根本法地位及其调整对象的特殊性，决定了宪法的解释方法应当能够直面国家自身的精神性与国家生活的动态性。因此，在阐释事关高等教育高质量发展的宪法规范之时，便不得孤立地理解国家高等教育制度的各个细节，而应当将序言和总纲、公民的基本权利和义务、国家机构职权等宪法规范置于国家整合的整体视野之下加以剖析。具体而言，中国高等教育制度的宪法规范阐释包括以下三个部分：第一，厘清国家高等教育制度的宪法内蕴，确认高等教育系统在国家治理中的结构性地位，这是摆正高等教育宪法位置的基础；第二，阐明高等教育制度的实质价值，论证后设于高等教育制度之形式合法性的价值输出规范系统；第三，解释高等教育"基本权利—国家义务"的动态调适机制，论证高等教育制度持续增进个体与共同体之相互体验的宪制结构。

（一）高等教育制度的宪法内蕴

在宪法整合价值的引领下，国家高等教育制度实则事关"形塑个体与共同体的精神关联"这一根本命题：在智育方面，高等教育提升全民族的教育科学文化水平，为国家创新发展战略提供重要的领军力量和支撑力量；在德育方面，高等教育与思想道德教育彼此融合、共同促进，培育有理想信念、有责任担当、政治合格的堪当民族复兴大任的时代新人。前述宪法内蕴，从我国的制宪史中便可寻得踪迹。

为了更好地稳固新中国成立这一来之不易的局面，1949 年 9 月全国政协第一次会议通过的具有临时宪法性质的《中国人民政治协商会议共同纲领》(以下简称《共同纲领》),旨在通过文化教育条款解决旧制度遗留下的政治共同体与个体的统一问题。《共同纲领》第四十一条指出,文化教育的主要任务是"提高人民文化水平、培养国家建设人才、肃清封建的、买办的、法西斯主义的思想、发展为人民服务的思想为主要任务",该条款清晰地呈现出教育在智育和德育上的双向功能。但是,立足于国家整合的时代需求,这种双向功能的权重并非一成不变的。在新中国成立之时,面对经济落后、百废待兴的现实局面,以培养尖端人才为己任的高等教育必须回应时代建设的需要,将极其稀缺的高等教育资源分配到实用型人才培养的重任上,以满足各行各业的人才空缺。因此,"适应革命工作和国家建设工作的广泛需要"是《共同纲领》赋予高等教育的首要价值。高等教育的实用功能大幅扩张,综合大学按专业设置重新组合,成立了各科专业学院。当时,以航空、地质、矿业、石油、钢铁等为主的"八大学院"的兴起,便是时代赋予高等教育的历史使命。

随着经济建设的逐步推进,国家更加重视教育在质量与数量上取得平衡。1954年9月20日,第一届全国人民代表大会第一次会议通过了《中华人民共和国宪法》(以下简称"五四宪法"),这是中华人民共和国成立后的第一部《宪法》。"五四宪法"第九十四条确认"中华人民共和国公民有受教育的权利",并明确了国家负有"设立并且逐步扩大各种学校和其他文化教育机关"的义务。此外,"五四宪法"第九十五条规定"中华人民共和国保障公民进行科学研究、文学艺术创作和其他文化活动的自由","国家对于从事科学、教育、文学、艺术和其他文化事业的公民的创造性工作,给以鼓励和帮助"。在该宪法中确认公民的文化教育权利地位,并辅以对应的国家义务性规定,意味着文化教育正式享有了社会资源分配的资格——这也明确了国家介入文化教育权利实现过程的宪法立场。

1982年12月4日,第五届全国人民代表大会第五次会议通过并颁布了"八二宪法",即我国现行《宪法》。"八二宪法"历经五次修改,现行文本中与高等教育相关的规范主要包括四方面的内容:一是《宪法》序言所体现出的教育对于社会主义现代化强国之建设的重要意义;二是《宪法》总纲第十九条至第二十四条有关教育科学文化建设条款的内容;三是公民在教育方面的基本权利和基本义务;四是国家机构教育职权的分配。前述规定共同构成了《宪法》上国家高等教育制度的规范依据,并共同致力于国家整合的实现。其中,《宪法》总纲的相关条款依旧维持了文化建设和思想道德教育并重的格局,体现出高等教育事业与政治共同体维系的密切关联。鉴于高等教育这一子系统深嵌于建设社会主义现代化强国的动态历程之中,故前述宪法规范必须在实质性内容和形式性过程的双重作用下,利用国家高等教育制度推进个体与共同体的精神关联。基于现行《宪法》的规范结构,这一方面要求国家高等教育制度能够在实质价值的指引下,在不同的历史发展阶段输出符合实质目标的高等教育制度;另一方面要求《宪法》在"中国特色社会主义"的精神规律下,动态调适高等教育领域"基本权利—国家义务"的宪法规范结构,积极回应精神共同体的动态整合需求。

(二)高等教育制度的实质价值

不同于一般的政党,中国共产党是典型的使命型政党,即"一个以吸引人们归依并信奉其理念为主要目的,而非以扩大选民支持而赢得公职选举为主要目标的政党"①。《中国共产党章程》总纲即言明"党的最高理想和最终目标是实现共产主义",这一目标的实现有赖于"社会主义制度

①杨光斌.政治学导论[M].北京:中国人民大学出版社,2000:134.

的发展和完善",中国共产党必须领导全国各族人民沿着"适合中国国情的道路",实现中国特色的社会主义事业。2018年的《宪法修正案》将"中国共产党领导是中国特色社会主义最本质的特征写入宪法总纲",从根本法明确"中国特色社会主义"乃国家共同体的客观价值规律。具体到高等教育领域,我国《宪法》序言明确了"沿着中国特色社会主义道路,集中力量进行社会主义现代化建设"的国家根本任务,《宪法》第十九条明确规定了国家发展"社会主义的教育事业"的制度目标,前述宪法规范共同证成了宪法上的"中国特色社会主义"承担着高等教育制度实质价值输出者的角色。

在不同的历史阶段,高等教育制度若要有效回应中国特色社会主义建设过程中出现的各种问题,必须以复杂的价值权衡机制为基础。而价值权衡的前提,便是价值谱系的开放。因应不断更新的国家生活,"中国特色社会主义"价值体系下的实质内容并非一种静态的存量。不同的历史发展阶段对国家提出了不同的使命要求,国家必须从整体文化中做出适应当代需要的个性化选择,以动态维护国家这一精神共同体。职是之故,在解读宪法上的国家高等教育制度之时,不得忽视国家所处的发展阶段及其所面临的不同的国家整合任务。在高等教育领域,以1956年的《中华人民共和国高等学校章程草案》、1985年的《中共中央关于教育体制改革的决定》、2019年的《中国教育现代化2035》为代表的三份重要文件形成的制度变迁历程,无不体现了其应时代之所需的特征。而今,我国身处从高等教育大国到高等教育强国的历史性跨越阶段,如何顺应当代社会历史发展的潮流,"走出一条建设中国特色、世界一流大学的新路"①

①新华社.习近平在中国人民大学考察时强调 坚持党的领导传承红色基因扎根中国大地 走出一条建设中国特色世界一流大学新路[EB/OL].(2022-04-25)[2022-09-13].http://politics.people.com.cn/n1/2022/0425/c1024-32408556.html.

是国家面临的新的整合任务,高等教育高质量发展意味着高等教育制度必须根据其身处的特定历史环境,从"中国特色社会主义"这一国家精神之中做个性化选择,才能够动态完成国家整合的任务。

(三)高等教育制度的规范结构

"中国特色社会主义"所决定的宪法价值体系,是理解宪法保障公民接受高等教育、进行科学研究等基本权利实质内涵的前提,也是厘清宪法授予国务院、县级以上地方各级人民政府以及民族自治地方的自治机关以教育事务权限的体系性前提。我国《宪法》第三十三条就"中华人民共和国公民在法律面前一律平等"以及"国家尊重和保障人权"作出规定,为依宪治国奠定权利导向的基调。结合《宪法》第四十六条"中华人民共和国公民有受教育的权利和义务"以及第四十七条"中华人民共和国公民有进行科学研究、文学艺术创作和其他文化活动的自由"的宪法文本规定,高校入学机会平等权和科学研究自由权的基本权利地位得以证成。诚然,基本权利的意义绝不止步于此,若要使基本权利从纸面走向实践,便有赖于社会资源的投入。《宪法》是社会资源分配机制的根本规范,其必须在共同体运行与发展的视角下,动态调整公民基本权利所对应的国家义务。这一论述可以从以下三方面加以解读。

第一,基本权利通过规定一种具有国家属性的内容,将国家的一般价值体现于实在法中。《宪法》第三十三条第二款规定"中华人民共和国公民"在法律面前一律平等,第四十七条规定"中华人民共和国公民"有进行科学研究的自由,结合以上两个宪法条文的表述可知,高校入学机会平等权与科学研究自由的适用对象皆为"中华人民共和国公民",如此一来,基本权利便与一国的公民身份和法律地位绑定,继而使得《宪法》上的"国家"拥有实质性内容和文化属性。

第二,特定基本权利确定了某种政治性法益,在此种政治性法益之下,公民基于《宪法》凝聚为一个共同体。就此而言,基本权利的整合意义是首位的。以科学研究自由权为例,《宪法》第四十七条特别强调国家对"有益于人民的创造性工作……给以鼓励和帮助",这一规范否定了科学研究自由权能够完全豁免于国家干预。结合《高等教育法》第一条"为了发展高等教育事业,实施科教兴国战略,促进社会主义物质文明和精神文明建设,根据宪法和教育法,制定本法"的规定可知,法律保障科学研究自由权,但未预设自由主义的国家形象,而是要求基本权利主体必须与国家保持积极关系,即科学研究自由权的行使必须有利于促成公民更紧密地统一在共同体之下。实际上,国外的宪法判例也彰显出科学研究自由权的共同体属性,裁判者在将科学研究自由权与国防安全、公共安全等其他宪法价值进行权衡时,便是意在通过动态调整各项基本权利的平衡状态,最终实现国家的维系与壮大。①

第三,基于宪法整合价值的要求,国家机关肩负的高等教育职能,需要围绕富有成效地实现国家整合而展开。具体而言,《宪法》第十九条要求国家承担发展社会主义高等教育事业的义务,这就意味着国家在履行"发展"的义务之时,必须将高等教育制度置于个体、社会与国家的互动更新过程中予以考量,使得高等教育能够适应社会主义建设这一复杂的分化、统筹并形成整体的过程。因此,无论是国家在履行"举办"高校、"鼓励"其他力量举办高等教育事业的义务之时,还是国务院、县级以上地方各级人民政府以及民族自治地方的自治机关在履行高等教育管理权限之时,其实质都是国家权力以不同的行为模式参与到"通过高等教育的国家整合"这项体系性作业之中,以实现国家义务与基本权利的统筹运作。

---

① 周刚志.学术研究自由权的宪法比较分析[J].法学评论,2017(2):26-33.

三、大学章程制度定位的重构

高等教育从"有质量"到"高质量"的转变，体现出高等教育工作重心的递进性调整。这一调整既是高等教育适应经济社会发展的结果，也是高等教育内涵更新的产物，更是新时代中国特色社会主义对高等教育做出的实质性要求。国家教育发展观念的变迁，对高校治理能力提出了新的要求。为了凝聚价值共识、提升制度效能，有必要在高等教育高质量发展阶段厘清大学章程的制度定位，这也是促使"依章程而治"的现代大学制度落地，进而实现高校治理法治化、现代化的客观需求。

高等教育高质量发展以立德树人、知识创新和依法治校为关键词，以上目标皆与大学章程的有效运行存在无法脱钩的密切联系，因此，高等教育高质量发展更是于新时期提出了攻克大学章程运行困境的必要性。

（一）大学章程是立德树人的理念载体

着眼于个体与共同体的精神关联，高质量高等教育体系必须以实现"中国特色社会主义"的宪法使命为基础，同时，这一使命又必须通过高等教育体系加以"实在化"，使其能够在国家整合的动态过程中持续且充分地进行落实。这是践行"坚持教育的社会主义方向"这一依法治教原则的应有之义。当下，为高质量高等教育制度体系注入精神性的重要来源，便是"立德树人"。自党的十八大报告首次提出"把立德树人作为教育的根本任务"以来，以"立德树人"为根基的价值体系，便在解决好"培养什么人、怎样培养人、为谁培养人"这个教育的根本问题上步步深入，以实现"育人"和"育才"的有机统一。在 2016 年 12 月的全国高校思想政治工作会议上，习近平同志提出："高校立身之本在于立德树人。只有培养出一流人才的高校,才能够成为世界一流大学。"①这一论述于《中国教育现代化 2035》之中进一步得到了扩展,后者更为鲜明地彰显了高等教育的服务导向,要求新时代的人才不仅要有过硬的专业素养,更需要有完善的人格品质。习近平总书记强调:"我们的教育绝不能培养社会主义破坏者和掘墓人,绝不能培养出一些'长着中国脸,不是中国心,没有中国情,缺少中国味'的人!"②因此,高等教育的最终关怀必须立足于培养社会主义建设者和接班人,这是国家整合视域下高等教育制度体系的实质精神。

大学章程是高校的"根本法",而"任何制度都是一种价值文化的反映,于是制度设计是以某种价值文化即价值确定为前提的"③,因此,立德树人作为教育的基本理念,理应体现于大学章程之中。作为明确高校治理结构顶层设计的基本组织法,大学章程应从以下三方面将"立德树人"的理念要求与制度设计相结合。

第一,大学章程应明确高校党委会在推进立德树人事项上的统筹权。中国共产党的领导是中国特色社会主义的本质特征,也是教育现代化的基本前提。根据《高等教育法》第三十九条的规定,高校党委会的主要职权是领导大学的政治工作。因此,高校党委会应牢牢掌握立德树人工作的引领作用。与此同时,2014 年中共中央办公厅印发《关于坚持和完善普通高等学校党委领导下的校长负责制的实施意见》进一步明确高校党委会的政治领导包括"领导学校思想政治工作和德育工作""培育和践行社会主义核心价值观""发挥文化育人作用"等。根据相关规定,高校党委会主要在高校的文化建设中发挥重要决策作用。立德树人是高校文化建

①习近平. 习近平谈治国理政:第一卷[M]. 北京:外文出版社,2018:174.
②培养德智体美劳全面发展的社会主义建设者和接班人(二〇一八年九月十日)[M]//习近平.论党的宣传思想工作.北京:中央文献出版社,2018:343-352.
③眭依凡.论大学校长之文化治校[J].清华大学教育研究,2012(6):16-35.

设的价值引领,因此,大学章程应明确高校党委会在推进立德树人事项上的统筹权,以促进学生公民性的培养,提升学生的道德、权利、责任和公共伦理意识。鉴于党委领导下的校长负责制是中国大学的领导体制,因此,大学章程需要进一步将党委与校长之间就实现立德树人目标的"决策—执行"这一衔接机制予以细化。

第二,大学章程应为推进师德建设提供基本的制度保障。教师被誉为人类灵魂的工程师,是立德树人的主要责任者,且"高校立德树人的成效主要取决于教师的教育教学水平"①。有鉴于此,大学章程应明确教师群体在立德树人工作中的具体方向。一方面,师德是教师的立教之本,教师应率先垂范、以身作则。由于"应试教学能力"的错误导向,部分教师仅注重作为"职业"的教学能力,而忽视了教学背后的情感、伦理维度,进而为师德失范留下了空间。② 近年来频发的师德失范事件表明,师德师风的建设既有赖于教师的自律,亦不可脱离制度的规约。因此,大学章程应为推进师德建设提供基本的制度保障。实际上,国外已有相对丰富的师德建设制度实践,诸多著名高校皆通过校内规章制度来划定"底线师德"的警告线,这些经验可供参考借鉴。另一方面,"立德树人是学科教学的根本任务,也是学科教学改革的方向和境界"③,教师必须将立德树人的相关精神落实到自己的教学实践之中,这就需要大学章程进一步明确教师群体的育人职责。"教授治学"的本质要求大学的学术运行应当由专业人士掌握话

---

① 陈志勇,等.论新时代高校立德树人的落实路径[J].国家教育行政学院学报,2018(7):59-63.

② 陆道坤.师德"失范"现象折射出的教师专业发展困境与思考[J].教育科学,2013(4):69-75.

③ 冯建军.构建立德树人的系统化落实机制[J].国家教育行政学院学报,2019(4):8-18.

语权,但学术发展亦无法与师德建设和学术道德建设脱钩。因此,大学章程宜充分调动学术委员会、教授委员会等学术机构在专业与学科建设上的影响力,多环节确保教师以德施教,并通过制度明确相关主体的职责。

第三,大学章程的制度设计应注重协同育人机制的多维推进。立德树人是一项系统工程,需要整合多元教育主体,以多头并进的方式共同致力于相关目标的完成。一方面,学生群体既是立德树人的客体,又是立德树人的主体,立德树人工作的有效落实不得忽视学生层面的个体差异性。学生代表大会作为高校与学生之间民主衔接的基本载体,应当成为立德树人工作的有效反馈渠道。另一方面,治理的最高境界为"善治",善治的基本特征即多元主体参与治理,以实现治理的最佳状态。在立德树人的工作推进中,应充分发挥后勤人员、校友会等各类主体的潜能,以实现校内外全方位育人。这些工作的推进,有赖于大学章程明确多元主体的职责及履职方式。

(二)大学章程是知识创新的制度保障

"教育部发布的数据显示,我国已建成世界最大规模高等教育体系,在学总人数超过 4430 万人,高等教育毛入学率从 2012 年的 30%,提高至 2021 年的 57.8%,实现了历史性跨越,高等教育进入世界公认的普及化阶段。其中,普通本科学校校均规模 16366 人,本科层次职业学校校均规模 18403 人,高职(专科)学校校均规模 9470 人。教育部相关负责人介绍,2019 年我国高等教育毛入学率达到 51.6%,正式进入普及化阶段,并且普及化水平持续提高。"[①]但是,我国的高等教育竞争力仍有较大的上升空间。在日趋严峻的国际竞争环境之下,我国不得不正视科研原创能力和科研转化率方面的不足。甚至,在简单量化的教育评价体制之下,高

---

①金正波.我国高等教育进入普及化阶段[N].人民日报,2023-01-11(4).

校、教师与学生的发展逐渐显现出功利与短视的弊端，盲目跟随学术热点的科研追求遮蔽了原始创新的重要性，教书育人使命的淡化牵扯出一系列师德师风不正的恶劣事件。2020 年 10 月 13 日，中共中央、国务院印发《深化新时代教育评价改革总体方案》，意在坚决克服"唯分数、唯升学、唯文凭、唯论文、唯帽子"的顽瘴痼疾，深化新时代教育评价改革。然而，改革的实效并不理想，主要原因便在于未能有效确立科学合理的中国特色高等教育的评价机制。①

高等教育作为最高端的国民教育，是高端人才培养的腹地，亦是提升国家核心竞争力的关键所在。为了打造世界顶尖学府和顶尖学科，高等教育"双一流"建设积极推进，这也被认为是国家对高等教育高质量发展的重大战略安排。高等教育高质量发展的根本意旨在于提高高等教育整体办学水平和办学质量，这一希冀的实现离不开对高等教育学术规律的尊重。

在大学这一场域中，知识是最为根本的要素。"大学不仅仅是研究场所，不仅仅是谈论工业、商业和由国家确定的场所。大学与所有类型的研究机构不同，它原则上（当然实际上不完全是）是真理、人的本质、人类、人的形态的历史等等问题应该独立、无条件被提出的地方，即应该无条件反抗和提出不同意见的地方。"②知识就是大学的中枢神经——"知识是包含在高等教育系统的各种活动之中的共同要素：科研创造它，学术工作保存、提炼和完善它，教学和服务传播它。"③高等教育的逻辑在于对真理的追求，并将研究成果服务于社会。我国学者曾对"学术"做出经典定义：

---

①杨聚鹏.新时代教育评价改革政策的实践困境与推进策略研究[J].武汉大学学报（哲学社会科学版），2022(6)：181-190.

②杜小真.大学、人文学科与民主[J].读书，2001(12)：3-13.

③克拉克.高等教育新论——多学科的研究[M].王承绪，等，译.杭州：浙江教育出版社，2001：107.

"学也者,观察事物而发明其真理者也;术也者,取所发明之真理而致诸用者也。"①高等教育与其他类型的教育的不同之处,在于它的研究对象为"高深的学问",即探索介于已知与未知之间的学问,或是常人难以把握的学问。② 鉴于这种学问超出普通人的理解范围,只有长期浸染、深耕于相关领域的少数人才能彻底理解其复杂性并提出创新观点,因此,尊重学术规律、维护学术环境便成为支撑高等教育进步的主要推动力。然而,虽然知识追求真理并具有实用性,但知识并不是普遍有效、价值中立的。一方面,知识的本质决定了它并不能独立于特定社会;另一方面,因为各方势力均认识到知识的重要性,他们都希望从学术和科学知识中挖掘到对自己有利的因素,所以权力可以在力所能及的范围内促进或抑制特定知识的传播。③

综观大学发展史,自由和控制是高等教育哲学的一个永恒议题。美国教育学家伯顿·克拉克教授曾对两者的关系做了形象描述:"就大学为了追求和传播知识需要自由而言,当种种控制力量软弱分散时,大学知识之花就开得绚丽多姿;就大学需要资源维持办学,并因此依赖富裕、强大的教会、国家或市场支持而言,当种种控制力量强大时,大学在物质上就显得繁荣昌盛,但是这种力量可能——也的确常常——以各种有害于教学和研究自由的方式实行控制。"④克拉克教授之言,提示了自由与控制在大学治理中应有的分量。真理的探究过程不应受到外界力量的不当控

---

①梁启超.学与术[M]//周岚,常弘.饮冰室书话.长春:时代文艺出版社,1998:473.

②布鲁贝克.高等教育哲学[M].王承绪,等,译.杭州:浙江教育出版社,2002:2.

③谢海定.学术自由的法理阐释[M].北京:中国民主法制出版社,2016:46.

④克拉克.高等教育新论——多学科的研究[M].王承绪,等,译.杭州:浙江教育出版社,2001:26.

制,唯有包容、宽松的学术环境,才能为学者创造更为宽阔的发现新知的平台。

如前所述,维护学术环境的重要性,得到了世界各国的普遍认可,各国纷纷将学术自由作为一项宪法上的权利进行保障,我国亦然。与此同时,学术自由也在国际人权法领域逐步拓展,《世界人权宣言》《经济、社会和文化权利国际公约》等具有重大国际影响力的国际人权法文件,也明确将学术自由纳入其保护范围。学术自由作为一种人权主要有两方面的内涵:其一,保护学术自由并非只是一国国内法律体系的任务,更是一项国际法的任务;其二,采取跨国行动、抑或通过跨国机构保护学术自由,被认为是正当的。由此,国际范围内产生了世界大学会社(World University Service)、国际大学协会(International Association of Universities)、国际大学教授和学者联合会(International Association of University Professors and Lectures)等旨在维护学界权益及学术自由的国际非政府组织。学术自由之所以跨越国界而产生国际影响力,是因为国际社会逐渐意识到,唯有学术自由才能确保教师及院校能够追逐并实现重要的教育目标。学术自由并不仅仅是一项个人权利,它更是一项旨在实现社会目标的集体权利,因此,保护学术自由并不只是各国国内法的任务,更是发展成了全球的一项道德和政治要求。①

宪法条文中的学术自由权若要得到实现,则有赖于基本权利的功能体系发挥作用。根据德国的基本权利理论,学术自由权既是公民抵抗不当干预的规范依据,也是一种客观价值秩序,要求国家在构建法律秩序以及行政机关、司法机关在执行和解释法律之时尊重并予以保障。同时,基

---

①Rajagopal B. Academic freedom as a human right: An internationalist perspective[J]. Academe,2003(89):25-28.

本权利的客观价值功能还要求相应主体通过制度保障、组织保障和程序保障等方式,来维护基本权利。

在我国,《国家中长期教育改革和发展规划纲要(2010—2020年)》提出大学制定章程应"尊重学术自由,营造宽松的学术环境"。2012年,教育部《全面推进依法治校实施纲要》亦强调"要依法建立健全保障师生的研究自由、学习自由和学术自由的体制、机制"。因此,依据德国基本权利功能体系的视角,可将大学章程建设工作的快速推进,视为国家为创造和维持有利于学术自由实现的条件所做的制度保障。大学章程若要实现这一制度目的,则应注重对学术人员与非学术人员、学术事务与非学术事务的区分安排,以突显学术人员在学术事务上的地位。[1] 唯此,大学章程才能够为知识创新提供有效的制度保障。

(三)大学章程是依法治校的基本依据

依法治校是全面推进依法治国这一系统工程的重要组成部分。在2018年的全国教育大会上,习近平总书记强调要"坚持依法治教、依法办学和依法治校,完善办学制度"[2]。大学章程作为大学的"宪法",是大学内部的根本法。因此,在以法治思维和法治方式推动高等教育高质量发展的过程中,大学章程是依法治校的校内制度依据。

法治国家的宪法按照性质和作用,将国家权力进行分工,将其交由不同的国家机关行使,在维护各个权力部门各司其职的同时,促进各部门之间的相互协作、监督,以实现国家权力的平衡,确保各个机关能够规范运作。对高校而言,"党委领导、校长负责、教授治学、民主管理"是我国现代

---

①张翔.大学章程、大学组织与基本权利保障[J].浙江社会科学,2014(12):65-72.

②习近平.习近平谈治国理政:第三卷[M].北京:外文出版社,2020:350.

大学治理结构的基本框架,与此相适应,我国公立大学的内部治理结构包括以高校党委会、校长及校长办公会议等为代表的行政组织,以学术委员会、学位评定委员会等为代表的学术组织,以及以教职工代表大会、学生代表大会等为代表的民主管理组织。大学章程作为校内的根本法与最高法,也应根据不同权限的属性与功能,对高校内部机构的权限予以分配并规范其运行。这对于提升大学章程的制度实效至关重要。诚如有学者所言:"倘若权力的行使者对章程的内容不以为然,章程对权力的行使和制约并不产生实质性的影响,那么,章程制度的实际意义势必大打折扣而流于形式,甚至成为'无用之物'。"①

大学内部行政权与学术权的配置及运行,是大学章程应处理的首要问题。一方面,大学成员的构成相对复杂,不同主体的利益诉求也有所不同;另一方面,大学内部的各项职权属性不同,所需的制度保障也不尽相同。学术权是大学的本质,具有很强的独立性要求,学术权本能地排斥外界对其进行干预。然而,行政权是协助大学开展资源整合、提高管理效率的辅助力量,它在一定程度上会要求学术主体服从行政权的安排。自近代大学兴起,如何处理学术权与行政权的张力,便是大学内部治理无可回避的话题。在当下,大学章程的制度安排应克服行政权对学术权的压制,实现大学成员皆有权参与大学治理的"民主"价值与学术事务上尊重专业力量的"专业"价值的有机协调,已成为基本的制度共识。虽然学术权的保障事关重要,但大学章程在实现人的自由发展之时,需要对多元利益进行界定,并通过调适、平衡相应的权利冲突,来形成一种合理的社会秩序。学术自由固然是大学享有的区别于其他实体的最为重要的权利,但这并不意味着学术自由是豁免于任何限制的,其行使不

---

① 秦惠民.有关大学章程认识的若干问题[J].教育研究,2013(2):85-91.

得与公共利益相抵触。

值得注意的是,除了对大学内部的行政权与学术权的运行做出合理安排,大学章程还必须对党委领导与校长负责的关系加以明晰。党委领导下的校长负责制是我国公办高校的领导体制,根据有关法律法规和政策规定,高校党委作为领导核心,除了管党的建设、思想政治等工作,还要负责学校重大决策、重要人事任免、重大项目安排和大额度资金运作等事项的决策。2014年中共中央办公厅《关于坚持和完善普通高等学校党委领导下的校长负责制的实施意见》进一步对高校党委和校长的职责进行了划分,规定高校党委的职责在于"履行党章等规定的各项职责,把握学校发展方向,决定学校重大问题,监督重大决议执行,支持校长依法独立负责地行使职权",大学校长"在学校党委领导下,贯彻党的教育方针,组织实施学校党委有关决议,行使高等教育法等规定的各项职权,全面负责教学、科研、行政管理工作"。鉴于党委会的决策权与校长的执行权有所重叠,大学章程作为高校职权分配的根本性规定,更应当以相对清晰的划分方式,明确各自的职权边界。

四、小结

"自治毕竟系一种制度、价值、文化、生活方式,与一国政治体制、政治文化乃至各阶段之政治、经济、社会 、文化等结构发展息息相关。"[①]已有研究立足基本权利保障的基本逻辑,对大学章程的制度定位与运行机制做出了丰富阐释,但主要以西方的大学自治和基本权利保护为语境。在思考以科学研究自由权为典型的基本权利之时,已有研究未能将高等教

---

①黄锦堂.行政组织法之基本问题[M]//翁岳生.行政法.北京:中国法制出版社,2002:342.

育的"实质性"——高等教育与国家的精神关联——纳入考量，高等教育中"个体与共同体之精神关联"这一根本命题未得到进一步阐明。这一缺憾导致了两方面的理论困境：其一，以抽象的个体为思考起点建构高等教育与大学章程的理想价值样态，个体与共同体的"精神咬合"被忽视；其二，在强调高等教育或大学章程自身逻辑的同时，将一种目的论思维笼罩其上，进而不自觉地构筑起其与外部环境（尤其是国家制度）之间的难以化解的紧张关系。

诚然，正视高等教育与国家之间的实质联系，是重构当代中国大学章程制度定位的前提。这种联系不仅因高等教育兼具生产性与公共性而生成，更是因其作为共同体与个体的精神交互渠道而有之：其一，高等教育是一种精神力量，能够从思想意识层面发挥指引个体具体行为的效果，继而作用于特定共同体目标的实现；其二，高等教育是一种精神沟通过程，个体由此与共同体发生交互，在变化、交换和冲突等情况中实现个体的自我反省与认知更新；其三，高等教育是一种精神发展过程，在共同体的动态变化之中，个体通过高等教育，从认知和价值层面获得自我认识并实现自我反思。通过高等教育，个体与共同体之间得以构建出一种能够不断更新的、对共同体成员的意志具有动员能力的实质价值。在这一视角下，当代中国大学章程的制度定位得以厘清，其以立德树人为实质价值，通过维护知识创新与依法治校的制度环境，落实具有中国特色的高校办学自主权，彰显出中国高等学校治理的本土智慧。

第四章 当代中国大学章程的价值凝聚机制

　　我国宪法明确规定了社会主义核心价值观。《宪法》第二十四条第二款规定："国家倡导社会主义核心价值观，提倡爱祖国、爱人民、爱劳动、爱科学、爱社会主义的公德，在人民中进行爱国主义、集体主义和国际主义、共产主义的教育，进行辩证唯物主义和历史唯物主义的教育，反对资本主义的、封建主义的和其他的腐朽思想。"

　　习近平总书记指出："核心价值观是文化软实力的灵魂、文化软实力建设的重点。这是决定文化性质和方向的最深层次要素。一个国家的文化软实力，从根本上说，取决于其核心价值观的生命力、凝聚力、感召力。"[①]因此，推进社会主义核心价值观与高等教育制度体系的深度融合，是奠定高等教育制度价值根基的宪法要求。基于"个体—高校—国家"的辩证关系，大学章程则通过价值凝聚机制，发挥社会主义核心价值观在大学的濡化功能。首先，大学章程应将高校立德树人的使命与社会主义核心价值观做有机融合；其次，大学风格往往蕴含于象征性符号之中，因此，大学章程不但应当重视办学理念、历史文化等大学风格显性因素的表达，

---

　　①习近平.把培育和弘扬社会主义核心价值观作为凝魂聚气强基固本的基础工程[N].人民日报，2014-02-26(1).

还应当注重将校徽、校歌、校庆日等象征性意涵条款形成一个整合机制，激发大学成员在超验性情感之上形成认同感与归属感；最后，大学章程应当建构更为健全的权利保障机制，为大学成员的需求实现搭建畅通的渠道，以提升大学章程认同的效果。

一、形塑大学章程的实质价值

党的十八大报告提出"把立德树人作为教育的根本任务"，习近平同志强调"要把立德树人的成效作为检验学校一切工作的根本标准"[①]，"教师要围绕这个目标来教，学生要围绕这个目标来学"[②]，"引导学生增强中国特色社会主义道路自信、理论自信、制度自信、文化自信，厚植爱国主义情怀，把爱国情、强国志、报国行自觉融入坚持和发展中国特色社会主义事业、建设社会主义现代化强国、实现中华民族伟大复兴的奋斗之中"[③]。故"立德树人"作为高等教育制度的价值目标，应当与以社会主义核心价值观为代表的宪法价值体系进行有机融合，在大学章程当中获得确立与彰显，如此才能通过其运作，实现个体道德、教育文化与国家立场的整合。

（一）立德树人与社会主义核心价值观的有机融合

在"八二宪法"全面系统规定了社会主义精神文明建设的相关内容之后，2018年《宪法修正案》第二十四条第二款增加了"国家倡导社会主义

---

①习近平在北京大学师生座谈会上的讲话（2018年5月2日）[N].人民日报，2018-05-03(2).

②习近平:坚持中国特色社会主义教育发展道路　培养德智体美劳全面发展的社会主义建设者和接班人[N].人民日报，2018-09-11(1).

③习近平:用新时代中国特色社会主义思想铸魂育人　贯彻党的教育方针落实立德树人根本任务[N].人民日报，2019-03-19(1).

核心价值观"的规定。由此,宪法正式认可社会主义核心价值观成为宪法指导思想在社会发展新形势下的一种全新表达:"爱国、敬业、诚信、友善"是公民个体的宪法形象,"自由、平等、公正、法治"是个体融入社会的伦理导向,"富强、民主、文明、和谐"则是国家生活的价值目标。鉴于"爱国"是宪法上公民形象的首要前提,宪法必须承担起激发公民的国家意识并获得公民认同的职责。

这一问题在当下尤为重要:一方面,在传统向现代的转型过程中,中国面临着如何坚固"建立在历史文化传统、民族主义和社会主义意识形态的综合认同纽带"①的难题;另一方面,伴随着全球化、一体化、多元化、祛魅化的进程,当代青年的国家认同亦存在困境。实证研究表明,"大学生的爱国主义更多地指向原初性的情感联系、共同的历史与记忆以及黑头发、黄皮肤、黑眼睛这些原初的民族特征,而不是指向未来的公共文化、政治价值等"②。在这一背景下,宪法精神文明建设条款作为"确证中国各项德育政策的宪法基础"③,更是为立德树人在高等教育制度中的落实机制提供了根本法依据,以使高等教育肩负起引导大学生从"事实性认同"发展到"建构性认同"的职责。

实现"立德树人"与宪法价值体系的有机融合,能够从文化认同、民族认同与政治认同三个方面作用于公民的国家认同,进而发挥高等教育制度的国家整合功能。首先,在文化认同方面,中华优秀传统文化素来强调德行的引领作用,宋代杨时有"一德立而百善从之"的说法(《河南程氏粹

---

①陈明辉.转型期国家认同困境与宪法学的回应[J].法学研究,2018(3):21-38.

②吕芳.北京部分高校大学生国家认同的调查与分析[J].政治学研究,2010(4):58-64.

③秦小建.宪法的道德使命:宪法如何回应社会道德困境[M].北京:法律出版社,2015:78.

言·论道篇》),《管子·权修》有曰"一年之计,莫如树谷;十年之计,莫如树木;终身之计,莫如树人"的论述,这些论述都体现了德才兼修的人才对国家发展的重要作用,与社会主义核心价值观发生结构性耦合。其次,在民族认同方面,宪法在赋予民族自治地方的自治机关自主地管理本地方的教育科学文化事业的权力的同时,亦要求职权行使必须以社会主义核心价值观为原则。最后,在政治认同方面,习近平总书记一直强调立德树人与党和国家伟业的重要关系,指出"古今中外,每个国家都是按照自己的政治要求来培养人的","教育必须培养社会发展所需要的人"①,社会主义核心价值观作为宪法认可的主流意识形态,能够发挥整合个体精神需求、提升公民对政治秩序服从和认可的作用。

《宪法》序言第7段写明了"把我国建设成为富强民主文明和谐美丽的社会主义现代化强国"的国家目标,并于第9—11段明确了爱国、平等团结互助和谐、祖国统一的民族精神,而后又通过公民权利义务的相关规定,以制度化的形式保障公民的主体性。在这个过程中,公民的个体利益经制度的确认上升为普遍利益,制度的实施又能够反作用于个体的价值观念,以此形成国家与个体之间的良性互动。如此循环,高等教育才能解决好"培养什么人、怎样培养人、为谁培养人"这个根本问题。由此可见,虽然"立德树人"强调高等教育对公民的价值濡化,但这一过程并非通过否定个体的道德自主来达成的。

高等教育在价值方面具有较强的动员、引领与凝聚能力,是故,依托社会主义核心价值观的宪制结构,高等教育制度体系便承担起激发大学生的国家意识、推进大学生的国家认同的职责,由此回应"立德树人"要求

---

① 习近平在北京大学师生座谈会上的讲话(2018年5月2日)[N].人民日报,2018-05-03(2).

大学生始终坚定理想信念的价值追求,实现通过高等教育的价值整合。大学章程应以高校的特色价值为基点,搭建好国家与大学进行价值沟通的平台,在推进高等教育的过程中实现个体、高校与国家的循环式沟通,推进个体道德自主与国家教化的有机协调,增进大学生与国家的价值互动。"高校需立足自身价值传统与治理特色,统合集体价值偏好、多方主体的价值期望与诉求,凝结成具有独特性和生命力的特色化价值,并促进特色化价值在不同职能部门、院系和学科组织层面的创新性理解与转化。"①在此过程中,大学生基于自身的参与、体验和理解,不断更新自我意识,而高校也在这一过程中收获治理的结果反馈,继而在价值互动之中,动态提升立德树人的制度效能。

（二）彰显大学的办学特色

"一所大学在长期的发展历程中,形成了比较持久稳定的专有性或显著性发展方式和被社会公认的、独特的、优良的显著特征"②,因此,大学风格属于大学的实质价值的重要组成部分。虽然大学在运行逻辑、外部环境与上位法等方面都具有相对普遍的共同环境,以致大学章程在框架结构、语言表达等形式因素上难以表现出不同,但大学章程可通过总结、预设高校独特的办学经验,彰显学校的办学特色。

一是凸显思想铸魂的特色。人才培养的核心是理念的革新,唯有从思想上改变既有认知并在高等教育领域形成内在认同,才能够培育出具有未来领导力的人才。就此而言,可以通过以下两个方面做出制度完善。一方面,完善校内评价体系。根据《教育部关于加快建设高水平本科教育

---

①周海涛,施悦琪.高校价值治理的内涵、机制与策略[J].高等教育研究,2022(6):13-20.

②刘尧.大学特色的形成与发展[J].清华大学教育研究,2004(6):87-91.

全面提高人才培养能力的意见》《普通高等学校本科专业类教学质量国家标准》等制度的要求,应围绕"立德树人"这一中心,结合高校的人才培养、科学研究、社会服务、文化传承创新与国际交流合作的使命,从个体未来发展和社会长远发展的需要来构建人才培养质量的评价体系,重塑办学理念、人才定位、培养模式、专业设置、课程教材建设和实训基地。另一方面,保障师资队伍建设。高质量的师资队伍是高等教育高质量发展的第一资源,然而,"高质量"绝不能简化为教师的论文生产力,"高质量"的核心在于教师是否能够将"成就学生"作为己任。就此而言,各界应当为教师践行教书育人的神圣使命辅以制度配套,通过制度完善与组织保障,全面提升教师的思想政治素质、职业道德水平、学科专业能力,通过优化教师的考评体系,引导规模化力量的形成,让高校教师投身于成就学生的"志业"之中。

二是体现人才培养的特色。国家发展、民族振兴皆依托人才。实现全面建设社会主义现代化的重任,需要中国特色社会主义高等教育源源不断地供给能够堪当时代重任的人力资源。高等教育更应当打破高校发展同质化困境,面向区域重大需求、服务国家重大战略,以创新的机制打通高校与政府、市场和社会的沟通交流渠道,推动教学与科研的良性循环,实现人才培养胜任力、服务力和实践力"三力并举"。2020年,中共中央、国务院印发的《深化新时代教育评价改革总体方案》强调"推进高校分类评价,引导不同类型高校科学定位,办出特色和水平",相关规定便指明了解决高等教育培养同质化之困境的出路。职是之故,面对"双循环"新发展格局,高校的人才培养更应当以服务国家与社会所需的特色化培养为方向,从"科研成果转化—人才培养—国家/区域产业经济发展"的结构耦合之中,做出相应的制度、组织或者程序保障,形成以高校为中心的"区域—科技—产业—师生"四维发展的局面,促使教学、科研和就业三者协力,以特色鲜明的高等教育体系,引领学生扎根祖国大地并快速把握社会的新需求,继而积极参与社会的新脉动之中。

三是创新科学研究的特色。党的二十大报告指出要"加强基础学科、新兴学科、交叉学科建设,加快建设中国特色、世界一流的大学和优势学科"。突破传统学科划分藩篱,用创新的视角探索学科交叉融合发展之路,是推动高等教育服务国家重大战略需求的必由之路。大学章程从校内制度设计的角度,应当为学科设置、课程体系、培养理念的动态更新提供充分的弹性空间与制度保障,以推动学生接触多学科的知识、多元的思维范式,真正培养出能够适应未来产业结构转型需求的复合型人才。

(三)明确大学的象征标志

大学的风格,源自学校对历史文化传统的继承与弘扬,就此而言,大学章程是连接大学成员与大学精神的制度纽带。然而,要确切地指出或甄别一所大学的风格或价值是非常困难的,个体难以对其进行概括或总结。但若将其浓缩于校歌、校徽、校庆日等象征标志之中,便能够直观地表达并被人体验到。因此,大学章程中的象征标志条款,能够将特定大学的价值观念,通过符号化的形式固定下来,有利于增强大学利益相关者的认同感和自豪感。

综观当代中国大学章程,象征标志条款包括校歌、校徽、校训等要素。它们作为大学形象识别系统的重要组成部分,代表了大学的历史和价值内容,蕴含着自身提出的教育使命的履行问题。例如,《浙江大学章程》第七十条规定:"学校校标分内外两圈,两圈之间为中英文字形的'浙江大学',内圈下方的数字'1897'表示浙江大学的创建年份,校标中央展翅飞翔的'求是鹰'代表浙江大学的求是创新精神。""求是创新"的精神,便是其整合成员的重要职责。

此外,当代中国大学章程普遍规定了校庆日的相关条款。校庆日通过庆祝纪念活动,巩固学校优良传统,发扬学校良好作风,增进大学成员交流,在固定的仪式中产生教育、激励和鼓舞的作用。这些条款,通过制度赋予的规范性与重复性,使得大学精神风格的叙说获得了稳定的形式,大学章程继而进一步与大学文化、使命及与之关联的抽象价值获得紧密连接,产生价值整合的力量。

二、完善权利保障的制度架构

权利的实现与保障,是制度获得认同的基本动力。因此,大学章程对大学成员权利的尊重和保障程度,决定了大学章程认同建构的实际成效。

(一)建构有利于创新的制度环境

新一轮科技革命和产业革命呼唤科技在视野格局、创新能力、资源配置、体制政策等方面的重大突破。高校是最为重要的创新主体之一,在新的时代背景下,高校应直面国家重大战略需求,主动聚焦国家重大科技战略目标,有组织性地开展科学研究工作。习近平总书记指出:"我国高校要勇挑重担,释放高校基础研究、科技创新潜力,聚焦国家战略需要,瞄准关键核心技术特别是'卡脖子'问题,加快技术攻关。"①2018 年,教育部发布的《高等学校基础研究珠峰计划》特别强调高校应当围绕"组建世界一流创新大团队""建设世界领先科研大平台""培育抢占制高点科技大项目""持续产出引领性原创大成果"核心任务,为建成科技强国和教育强国

---

① 习近平:在教育文化卫生体育领域专家代表座谈会上的讲话[EB/OL].(2020-09-22)[2022-05-01]. http://www. xinhuanet. com/politics/leaders/2020/09/22/c_1126527570. htm.

提供强大支撑。

然而,我国高校科研创新氛围面临的现实困境也不容忽视。一方面,高校科学研究"学术锦标赛"现象盛行,学术评价维度被简化为可计算性的"论文生产",直接后果便是"伤害智识的共同体(使个人、科系、学院甚至各个大学都陷入越来越严苛的竞争,永无止境),也会破坏智识的多样性"。[①] 另一方面,科研经费大幅增长的同时也滋生了大量科学经费使用的腐败案件,科研腐败现象不但造成了国家经济损失,还对科研创新能力造成了直接冲击。

我国《宪法》第四十七条奠定了科学研究自由权的客观价值秩序要求,即科学研究自由的实现无法离开国家的给付义务。此外,《教育法》第十一条规定国家应在适应社会主义市场经济发展和社会进步的需要的前提下推进教育改革,要求国家"支持、鼓励和组织教育科学研究,推广教育科学研究成果,促进教育质量提高";《高等教育法》第三十五条亦明确了国家对高校科学研究的鼓励与支持义务。我国法律体系青睐科学研究自由之客观价值秩序功能的基调,要求国家承担帮助与促进的义务,这一规范立场显然更为重视立法权与行政权在客观上促成科学研究自由保护的作用。职是之故,国家机关负有相应的制度性保障义务,引导合理的科研评价指标和评价方法的构建,同时,亦负有制定有助于科研自由实现的经费给付制度并辅以程序和组织保障的职责,在给予科研单位更多自主权的同时确保科研经费的规范使用。[②]

因此,对大学章程而言,应重点关注以下几个方面的制度设计:第一,明确个人的科学研究自由与大学的社会责任之间的关系;第二,明确个人

---

①伯格,西伯.慢教授[M].田雷,译.桂林:广西师范大学出版社,2021:111.
②陈征,刘馨宇.宪法视角下的科研经费给付制度研究[J].中国高校社会科学,2020(4):106-115.

的科研趣向与资源有限性、需求导向性之间的关系;第三,明确大学内部科研机构与学校整体及大学外部之间的关系;第四,明确科学研究与教育教学、社会服务的关系;第五,明确不同领域、不同性质、不同效用、不同周期的科研活动之间的关系;第六,明确学校传统科研重点与新兴科研方向之间的关系;第七,明确激发、维系和强化师生进行科技创新的动力保障机制。①

(二)规范高校内部权利救济机制

大学章程对于大学内部关系的调整是直接的,应当通过以大学章程为首的制度体系,为大学成员提供完善的内部救济途径。校内申诉制度是最为主要的高校内部权利救济机制,是一种内部复核制度,是高校进行自我纠正的一种机制。相较于司法制度,一是它通常更受学生的青睐,毕竟学校是学生熟悉的成长环境,学校对其有着栽培之恩,学生通常不愿意与母校"对簿公堂";二是,校内申诉也更为高效和便捷,可以节约学生的时间和精力成本;三是,校内申诉制度亦能够避免司法审查过度介入大学自主权。因此,校内申诉制度在学生权利的救济之中扮演着举足轻重的,甚至是首选的角色。《教育法》第四十三条第四项规定,受教育者若对学校给予的处分不服,有权"向有关部门提出申诉",受教育者若遭到学校和教师对其人身权、财产权等合法权益的侵犯,有权"提出申诉或者依法提起诉讼"。《普通高等学校学生管理规定》第五十九条规定,"学校应当成立学生申诉处理委员会,负责受理学生对处理或者处分决定不服提起的申诉"。《高等学校章程制定暂行办法》第十五条规定,章程应明确学生申诉的机构与程序。要完善校内申诉机制,就必须从申诉机构的组织构成、

---

① 文新华.大学章程的共性与特色[N].中国教育报,2013-12-09(5).

申诉程序及申诉决定的效力方面予以细化。

第一,完善申诉机构的组织构成。根据《普通高等学校学生管理规定》(以下简称《规定》)第五十九条的规定,学校负责人、职能部门负责人、教师代表、学生代表、负责法律事务的负责人等为学生申诉处理委员会的主要构成人员,此外,学生申诉处理委员会还可以聘请校外法律、教育等方面专家参加。从《规定》来看,学生申诉处理委员会的成员构成既包括行政人员,又包括教师和学生,还包括专业人士,体现了中立、公平的原则。但是,《规定》并没有明确各类成员的构成比例。从实践来看,学生申诉委员会的成员很可能主要由行政人员构成。例如,《南京大学学生申诉处理办法》第二条第二款规定:"学生申诉处理委员会由学校分管领导、学生部门、教务部门、保卫部门、法律事务部门等职能部门负责人以及教师代表、学生代表等组成,可以聘请校内外法律、教育等方面专家参加。"这一条款几乎照搬了《规定》的内容,但是没有规定申诉委员会的总人数及各类成员的配比;《哈尔滨工业大学学生申诉处理暂行办法》第七条规定了申诉处理委员会的人员构成,第九条规定"申诉处理委员会中的教师代表和学生代表由各院(系)推荐,每院(系)推荐教师代表、本科生代表、研究生代表各一名";《中国科学技术大学学生申诉管理规定》规定的学生申诉处理委员会的主任及常任委员,皆为行政人员,只有在"处理具体申诉案例时,可吸收申诉学生所在学院(系、直属教学单位)的分管学生工作领导、教师代表和学生代表各一名任委员"。因此,现行的学生申诉委员会仍具有学校行政职能部门的特色,难以作为一个独立的机构。①

第二,规范申诉调查的程序。在申诉的调查取证阶段,学生申诉处理

---

① 湛中乐.高等学校大学生校内申诉制度研究(下)[J].江苏行政学院学报,2007
(6):100-105.

委员会必须全面、客观、公正地展开调查。其中,回避制度是非常重要的机制,不但利害关系人应当回避,参与前序调查的成员也应当回避,避免将之前的主观判断带入申诉复查的阶段,影响调查取证的客观性。调查取证阶段的"听证权",对于保障学生权益而言是非常重要的。听证实则移植自诉讼程序中的抗辩机制,它作为行政程序的核心机制,能够证成行政权运作的正当性。① 参照《行政处罚法》第六十四条的规定,"听证"程序的设计应注意以下方面:(1)申诉委员会必须告知申诉人享有听证的权利;(2)根据申诉事项的性质,决定是否公开听证,如涉及学生隐私权的问题,则不宜公开;(3)听证主持人不得与案件有利害关系,否则申诉人有权申请回避;(4)听证部门与调查者不得重合,这是程序正义的基本要求;(5)听证主持人与处分决定方不得重合。实际上,申诉阶段的听证权对于申诉者来说,更是具有主观程序正义的功能,在听证的过程中,申诉者能够感到公平,这样就会乐于信任并接受申诉的结果。② 具备正当程序要求的听证程序能够让申诉者感受到公正,并且申诉者近距离参与其中,获得了对于结果的掌控感;此外,听证也满足了申诉者被倾听的需求,感受到程序并非冷漠无情的,而是尊重人的尊严的。在这种受尊重的氛围中,不但申诉者体会到了正义,实际也在无形中约束处理者时刻保持公正,里应外合之下,对制度的尊重、信任就在某种程度上达到了契合的状态。申诉结果作出之后,学生申诉处理委员会必须将相关决定告知申诉者,并将处理决定书送达学生。

第三,明确申诉决定的效力。《普通高等学校学生管理规定》第六十一规定:"学生申诉处理委员会经复查,认为做出处理或者处分的事实、依

---

① 孙笑侠.程序的法理[M].北京:商务印书馆,2005:249.

② 郭春镇.感知的程序正义——主观程序正义及其建构[J].法制与社会发展,2017(2):106-119.

据、程序等存在不当,可以作出建议撤销或变更的复查意见,要求相关职能部门予以研究,重新提交校长办公会议或者专门会议作出决定。"因此,即便学生申诉处理委员会认为原处分不当,也只具有建议权,并不具有执行权。如果学生申诉委员会只能在经学校审议的基础上变更原处分决定,那么学生申诉委员会之保障学生权利的职责,就很可能没有办法得到履行,因为一旦学校审议不同意变更,那么学生申诉委员会就只能被动接受结局。有学者认为,这一规定实则架空了学生申诉处理委员会的职权。①

对比我国台湾地区的相关规定,《台湾大学学生申诉评议委员会组织办法》规定,申诉评议委员会共 15~19 人,由校长从教职工和学生中遴选组成,其中非行政人员不得少于总数的 1/2。《政治大学学生申诉处理办法》规定,申诉评议委员会由校长从专任教师、学生会、研究生会代表、教务处、学务处、总务处中选拔相关人选构成,并特别规定了其中应有法律、教育和心理专业的教师,未兼行政职务的教师不得少于总委员数的 1/2。由此可见,相关规定同时对委员会的构成人员及数额、专业配比作出了规定,并对兼任行政职务的教师数量作出了限制,以此达到兼顾民主、专业的人员构成,加强委员会的独立功能。与此同时,《政治大学学生申诉处理办法》规定,申诉评议会在作出评议书之后,向校长报请核准,并应通知原处分单位,原处分单位若认为评议结果与规定相抵触,或认为结果有实际履行的困难,应将具体事项列明后向校长反映,并告知评议会。校长如认为原处分单位的意见需要再议,则将相关意见移交申诉评议会再议,但仅限于一次。除此情形,学校应立即执行评议会的决议。《辅仁大学学生

---

① 湛中乐.高等学校大学生校内申诉制度研究(下)[J].江苏行政学院学报,2007(6):100-105.

申诉办法》也采取了类似规定,除非原处分单位对评议结果有异议,或校长认为评议结果无法还原事实、难以执行、有程序瑕疵,否则学校应立即执行评议会的决议。前述制度设计既明确申诉处理委员会有权变更原处理决定,同时,又通过校长的审议以及原处理单位的二次意见,对学生申诉委员会的决定予以制约,进而更好地实现了学生权利的保护,有一定的借鉴意义。

三、小结

"中国特色社会主义"是"社会主义"的本土化产物,是"中国人民基于其历史和文化传统而进行的伦理—政治商谈的结果"。[①] "中国特色社会主义"全面铺陈于宪法的基本原则、基本制度与基本国策之中,是融合了历史性、本土性、政治性与规范性的国家精神规律。在依宪治国、依法治教的背景下,"中国特色社会主义"通过宪法的结构化运作,向高等教育注入实质价值,并在国家整合的进程中,不断地根据社会情势调整指引国家高等教育制度的时代价值,服务于国家生活的整体运作。然而,由于国家高等教育制度的价值更新机制有待确立,高等教育的同质化与同构化发展便成为一个显著问题:一方面,"用一把尺子、一个标准衡量所有学校、一个维度来办大学"的现象仍然存在[②];另一方面,不同类型、不同层次、不同办学历史的大学,在办学理念、办学定位、组织结构、治理模式、人才培养、

---

①陈明辉.什么样的共和国?——现行宪法中"社会主义国家"的性质与内涵[J].北大法律评论,2019(2):49-78.

②吴岩.高等教育的质量标准、发展类型要从同质化转向多样化[EB/OL].(2020-12-04)[2022-11-10].http://www.moe.gov.cn/fbh/live/2020/52717/mtbd/202012/t20201204_503475.html.

专业设置、课程内容、评价方式等诸多方面表现出"千校一面"的怪相①。这一发展模式,势必不能与高校在高质量发展中的战略定位相匹配。

习近平总书记强调,"办好中国的世界一流大学,必须有中国特色","世界上不会有第二个哈佛、牛津、斯坦福、麻省理工、剑桥,但会有第一个北大、清华、浙大、复旦、南大等中国著名学府"。② 对于大学章程而言,若要凸显中国特色,便要以立德树人为核心,发挥党委领导下的校长负责制的体制优势,将自身在历史中积淀下来的办学风格与文化风格,落实到大学章程的制度设计之中,为学术科研与教学育人提供更为科学完善的保障。

---

①王小梅.理性对待我国大学"同质化"问题[N].文汇报,2016-09-23(3).

②习近平.青年要自觉践行社会主义核心价值观——在北京大学师生座谈会上的讲话(2014 年 5 月 4 日)[N].人民日报,2014-05-05(2).

第五章　当代中国大学章程的
民主合意机制

　　大学章程作为大学的"宪法"，虽然与一国的"宪法"不能等义，但在民主合意方面有共同之处。制宪权是创造法秩序的权力，它存在于实定法秩序之前，"处于国家之外"①，但是对大学章程而言，它在制度上必须接受一国宪法和法律的调整，并且大学的举办者是大学章程真正的意志基点，故制宪权与制定大学章程的前提和界限是不同的②。"制宪权"(constituting power)理论的首创者法国学者西耶斯认为："唯有国民拥有制宪权。"③并且，他认为国民的制宪权在实质与程序上均不受法的限制，换言之，"无论国民以何种方式表达意志，只要是国民表达的意志，其合法性即已充分。其一切形式都是善的，其意志始终是至高无上的法"④。虽然西耶斯所谓的那种随心所欲的、自身即是法的国民制宪权，并不完全符合大学章程的制定逻辑，但制宪权的理论说明，欲建立某一实体的根本法，它就必须是一种民主参与的过程，是一种"民意"的体现，只

---

①芦部信喜.制宪权[M].王贵松,译.北京:中国政法大学出版社,2012:35.
②苏宇.论大学章程的制定主体[J].上海政法学院学报,2011(6):93-99.
③西耶斯.论特权第三等级是什么?[M].冯棠,译.北京:商务印书馆,2009:57.
④芦部信喜.制宪权[M].王贵松,译.北京:中国政法大学出版社,2012:16.

有当它能够包含成员的意志，才能被认为是合法的。

当下，我国公立大学已完成了"一校一章程"的建设任务。加快推进高等教育高质量发展的时代背景，对大学的治理能力提出了新的要求，大学章程必须通过及时修改，更新内容，才能贴近大学的生存环境。因此，大学章程修改的程序与规则设计，应符合民主合意机制的要求，确保大学共同体成员能够平等地参与其中。这也能克服大学章程制定之时，因民主参与程度较低所导致的大学章程认知度与认同度不足的问题。

一、完善大学章程的修改制度

如同法律修改，大学章程修改是一种被广为接受的制度发展方式。依照章程规定的程序，相关主体对原有条文进行更改、补充和拓展，使大学章程向更适宜的方向发展，维持高校与国家、社会发展之间的持续协调与平衡。一流大学建设高校是我国最具竞争力的高校，亦是深化教育改革的重要参与者，因此，其章程更应在新时代发挥制度示范作用。那么，它们的章程修改程序是否能够实现通过程序的整合？通过既有制度，能否达成大学章程修改的制度目标？本章试图以一流大学建设高校的大学章程为制度样本，在剖析其程序困境的基础上，从正当程序的视角为章程修改提供完善建议。

（一）大学章程修改条款的民主程序困境

经制度梳理发现，一流大学建设高校的大学章程修改条款，均在不同程度上表现出程序困境，主要存在以下三方面的共性问题：第一，大学章程修改的动议主体非多元化；第二，大学章程修改的角色分配非独立化；第三，大学章程修改的程序设置非合理化。

1.大学章程修改的动议主体非多元化

"动议—启动"是开启大学章程修改程序的源头机制,也是民主输入的总控环节。只有将这扇闸门打开,民主意见才能汇入章程修改过程。在41份样本之中,共有21所高校对大学章程修改的动议主体作出了规定。依据参与启动修改程序的主体数量不同,可将大学章程修改的动议主体分为单一动议主体和多元动议主体(见表1)。

表1 大学章程修改的动议主体

单一动议主体(12所)		多元动议主体(9所)		
动议主体	高校	动议主体		高校
章程委员会	北京大学	学校党委会委员联合校长		北京理工大学
校长	南京大学	学校党委常委会学校党委会委员联合校长		北京航空航天大学
校长办公会议	东南大学、兰州大学、同济大学	教职工代表大会	校长办公会议	中国农业大学、电子科技大学
校务会议	浙江大学、中南大学		校长	中央民族大学、四川大学
学校党委常委会	厦门大学、华东师范大学、吉林大学		学校党委会、校长办公会议	复旦大学
教职工代表大会	湖南大学、云南大学		校长学术委员会	上海交通大学
			校长二级单位学生代表大会或研究生代表大会	中山大学

首先分析采取单一动议主体的大学章程修改制度。第一,有6份章程(占50%)将以校长为首的学校行政机构作为章程修改的动议机构,主要包括校长、校长办公会议和校务会议三类主体。第二,有3份章程(占

25％)将学校党委会作为章程修改的动议机构。第三,有 2 份章程(占 17％)将作为校内民主机构的教职工代表大会列为章程修改的动议机构。第四,有 1 份章程(占 8％)专门设置了章程委员会,负责提出章程的修改动议,起草修改案。然而,该校章程并未言及章程委员会的组织架构及运作方式,故无法从大学章程的制度层面得知其民主功能。

接下来分析采取多元动议主体的大学章程修改制度。第一,有 7 份章程(占 78％)赋予教职工代表大会以章程修改动议主体的资格,其中有 2 份章程还分别赋予了学术委员会和学生组织以相应的主体资格。第二,有 2 份章程(占 22％)仅将校长和学校党委作为章程修改的动议主体。

根据以上比较,可初步得出结论:在采取单一动议主体的高校,行政力量是主要参与者;相较而言,采取多元动议主体的高校开放了更为宽广的意见入口,可以吸纳更多的主体参与大学章程修改。

然而,多元动议主体的制度设计,也面临着吸纳民主参与的实际困境,原因有二:其一,将教职工代表大会作为章程修改的动议主体,并不一定能够发挥民主作用。虽然从规范层面分析,教职工代表大会的人员构成具有广泛性、民主性特征[①],但从各校的实践来看,教职工代表大会的决策层、核心层与执行层往往由具有管理身份的教师构成,教师代表比例明显下降[②]。由此,教职工代表大会的民主质量就受到很大影响。其二,

---

①《学校教职工代表大会规定》第十一条规定:“教职工代表大会代表以教师为主体,教师代表不得低于代表总数的 60％,并应当根据学校实际,保证一定比例的青年教师和女教师代表。民族地区的学校和民族学校,少数民族代表应当占有一定比例。”

②于海棠.高校教代会中教师代表参与的张力及其限度——以某地方综合性大学为例[J].高校教育管理,2013(1):27-33.

虽较以校长为首的学校行政机构来说,高校党委会的成员构成更为多元化,可以容纳校级领导干部、院(系)党政工作部门负责人及师生员工代表等。但是,在将学校党委作为章程修改动议主体的5所高校之中,有3所规定的主体是"学校党委常委会"。党委常委会作为规模较大、党员人数较多的高等学校党的委员会的代表机构,一般由学校行政领导班子党员构成,常委会会议议题由学校领导班子成员提出,党委书记确定。这样一来,章程修改的动议权,又回归到"决策者主导模式"。

2. 大学章程修改的角色分配非独立化

"程序的对立物是恣意,因而分化和独立才是程序的灵魂。"①因此,确保相关主体在各司其职的基础上,又能彼此监督、制约,才能实现程序的意义。然而,在当下大学章程的修改程序中,不同主体的角色分配并不清晰,甚至有明显的重合,并不利于保障程序的中立性。这一缺陷,在章程修改审议程序的设置上尤为明显。

大学章程修改草案在经过教职工代表大会的民主讨论之后,就会进入审议环节。若要理解大学章程修改草案的审议,可以从法律草案的审议切入。审议是衔接提案和表决的中间程序,法律草案在表决前,需要经过全国人民代表大会或全国人民代表大会常务委员会的审议。立法审议是一个交涉过程,在此过程中,不同观点的刺激会使得各方进行自我反思,形成对争议问题的客观、理性认识,消除内心的主观偏见,从而达成一致意见。根据《立法法》的相关规定,代表团会议、有关专门委员会会议和法律委员会会议都必须通过会议的方式进行审议。代表团会议在审议时,提案人应当派人听取意见,根据代表团的询问要求做出回答,有关机关、组织应当派人介绍情况。有关专门委员会会议和法律委员会会议在

---

① 季卫东.法治秩序的建构(增补版)[M].北京:商务印书馆,2019:15.

审议时,可以邀请有关方面的代表和专家列席会议,发表意见。职是之故,审议的程序意义在于它能够将法律提案转化为代表议员及选民整体意志的规范,进而在很大程度上决定了作为产品的法律规范的质量。

根据应然层面的分析,大学章程的审议程序也应当以中立性、交涉性为根本,然而,既有的程序设置并未体现这一基本要求,原因有二:其一,章程修改审议主体与动议主体部分重合。为了避免章程修改的部门利益倾向,保障程序的中立性,大学章程修改的动议主体与审议主体不宜重合。然而在实践中,相关高校并未注意正当程序应有的结构和功能分化,由此产生了校长办公会议"既当运动员又当裁判"的局面,有违程序中立性的要求。其二,审议程序无法发挥交涉功能。在样本章程中,73%的高校将校长办公会议作为章程修改审议主体。校长办公会议作为学校行政决策议事机构,以效率为优先价值。虽然校长办公会议议事规则能够体现充分辩论的原则,但通常并不会采取"少数服从多数"的决议机制,而是由校长综合大家的意见做出决定。校长决策固然不可置多元主体的利益诉求于不顾,但其更侧重于执行效率,故而更多体现出"集体讨论、校长决定"的特征。由于大学章程修改草案存在民主性不足的缺陷,所以审议环节的效率取向,无助于实现消除恣意性的程序性价值。此外,将校长办公会议作为审议主体,意味着审议环节的意见交涉对象相对有限。根据《关于坚持和完善普通高等学校党委领导下的校长负责制的实施意见》的相关规定,各校校长办公会议通常由校长召集,出席人员主要为校领导,其他代表是否能够参与会议,视议题需要及会议组织者的邀请而定,这就大幅限制了民主力量参与审议的渠道。

3.大学章程修改的程序设置非合理化

良好的程序设置,是章程修改质量的重要保障。经制度考察,一流大学建设高校的章程修改程序设置主要存在三方面的不合理之处。

第一,将修改程序与制定程序划等号。就 41 份样本观之,各校均规定章程修改采取与制定相同的程序。这一程序设置之所以不合理,是因为大学章程的制定与修改背后实则蕴含着不同的法理。"举办者是办学目标与方向的实质性确定者,也是大学组织的创造者和权力/权利的最初塑成者。"①由于公立大学负有为国家推进教育建设的行政任务和使命,对于大学章程的首次制定而言,大学章程需要更多地体现举办者的意志。与此不同,大学章程的修改则更多地彰显了调适功能,其必须吸纳不断变迁的社会现实,贴近大学章程背后的事实基础。根据《高等学校章程制定暂行办法》第二十八条的规定,高校发生分立、合并、终止,或者名称、类别层次、办学宗旨、发展目标、举办与管理体制变化等重大事项之时,可修改大学章程。国家法对大学章程修改情形做出的规定,反映了其对大学章程能够适应不同时期高校治理目标的期待。鉴于此时大学已步入正常运作,在结构上有相对确定的利益相关者,因此,章程的修改应将举办者的意志进一步上升为大学全体成员的意志,这也是大学自主健康发展的必要条件。进而,充分保障利益相关者参与章程修改的权利,是大学章程修改的应有之义。与此形成鲜明对比的是,在我国一流大学建设高校中,仅有一半对大学章程修改的动议主体做出了规定,这在很大程度上反映了章程修改程序在吸纳各方理由上的缺失。

第二,缺乏章程修改启动阶段的审查机制。在提出修改章程的动议和正式启动章程修改之间,还应当有一个启动阶段的审查机制。在此阶段,特定主体根据一定的标准,对修改章程动议的必要性和可行性进行审查,完成对于立法启动行为随意性的约束,用以确保提案的质量。然而,

①苏宇.论大学章程的制定主体[J].上海政法学院学报(法治论丛),2011(6):93-99.

仅有《华东师范大学章程》和《中山大学章程》分别设置了由学校理事会和校长办公会议讨论决定是否启动正式修改程序的规定,其他高校的章程对此均未涉及。"动议—启动"环节的缺失,既可能造成修改章程资源的浪费,也可能无法保障大学章程的修改质量。

第三,教职工代表大会的讨论权未获制度保障。根据《高等学校章程制定暂行办法》第二十条①及《学校教职工代表大会规定》第七条②的要求,所有样本章程均规定大学章程修改草案提出后,须经教职工代表大会的讨论。虽然教职工代表大会的民主管理、监督职能在制度规定中已然明了,然而,学界以及实务界对其权利内容的研究并不充分,由此导致"须经教职工代表大会讨论"的形式意义大于实质意义。若教职工代表大会的讨论结果,只是为大学章程修改提供一些交由学校来决定取舍的咨询、参考意见,至于其提出的意见和建议是否被吸纳,并无关此项权利的实现,那么教职工代表大会的民主管理职能仅停留在较低层次,并不能满足利益相关者参与高校治理的期待和需要,亦不符合《高等教育法》所确立的民主管理原则。

(二)正当程序作为民主合意机制之当然要求

大学章程虽不是国家法,但在高校内部亦具有普遍规范性,其实施有赖于各主体的遵从。各主体的遵从要求大学章程能够体现多元化的利益分配和价值判断。制度分析表明,现有规定既无法包容多元利益主体的

①《高等学校章程制定暂行办法》第二十条明确规定:"章程草案应提交教职工代表大会讨论。学校章程起草组织负责人,应当就章程起草情况与主要问题,向教职工代表大会做出说明"。

②《学校教职工代表大会规定》第七条所列举的教职工代表大会的职权之一,即"听取学校章程草案的制定和修订情况报告,提出修改意见和建议"。

诉求,亦无助于改变大学章程制定时的民主参与不足。若按照既有程序修改大学章程,那么仍有可能重蹈大学章程流于形式的覆辙。于此,大学章程的修改程序应当以正当程序为依托,这是寻找并建立共识、促进大学章程发挥实效的价值要求。

1.正当程序契合大学章程修改的现实前提——利益多元

随着社会的发展,大学不再是遗世独立的学术"象牙塔"。新时代的高等教育肩负人才培养、科学研究、社会服务和文化传承四大功能,①大学的利益相关者也日趋多元化。大学作为日益靠近社会轴心的重要公共组织体,如何在"打造共建、共治、共享的社会治理格局"的环境之下,形成一种能够协调、平衡大学多元利益相关者之不同利益需求的分配机制,在当下就显得尤为重要。西方国家大学共治(shared governance)的实践业已证明,多元利益相关者共同参与高校政策与决策的出台,有助于促进各方利益诉求的充分表达,形成学术与行政相互制衡的决策机制,并实现各方价值的有效整合和最终实现,借此形成大学内外部动态的价值与利益平衡。②

"民主决定于参与——即受政策影响的社会成员的参与决策。"③大学章程能够平衡各方利益、合理配置权利的基本前提是多元利益相关者皆能够普遍参与大学章程的制定与修改过程。这一过程亦是从高校层面"推动治理体系创新改革的过程,是统一思想、寻找并凝聚共识的过

---

①徐显明.文化传承创新是大学的第四大功能[N].光明日报,2011-05-06(7).

②陈金圣.从行政主导走向多元共治:中国大学治理的转型路径[J].教育发展研究,2015(11):40-47.

③科恩.论民主[M].聂崇信,朱秀贤,译.北京:商务印书馆,1988:12.

程"①,与正当程序对过程价值的推崇相契合。正当程序旨在以参与程序解决多元社会中广泛存在的分歧和难题,其中,参与权是基础性权利。作为一项制度性权利,多元利益主体参与大学章程的形成,强调的是形成过程中的沟通、协商与对话。大学章程在分配有限的资源时,各利益相关者可自由表达不同的价值主张,平等提出诉求以追求相关利益的实现。在这里,"平等尊重人们的参与权"具有独立的程序价值,这一价值并不由处理分歧的结果来证成。② 将正当程序的价值要求融入大学章程的修改程序之中,亦可在一定程度上弥补大学章程制定过程中的民主参与不足,增加其正当性。

2.正当程序推进大学章程修改的制度目标——权利保障

如第一章所述,自大学从中世纪诞生起,大学章程就蕴含着权利保障的价值目标。此外,中世纪的大学章程也确认了大学在学术方面的特权,最为典型的就是授予大学通行执教资格,由此,大学享有了对新教师进行教育、甄选和考核的权限。③ 随着时间的演进,大学章程的政治权威色彩日益消退。1819 年,美国联邦最高法院在"达特茅斯学院案"中判决大学与州政府之间的特许状实为一项契约,至此,大学章程作为大学法人的设立依据,成为划定政府干预与大学自治边界的制度保障。④

伴随现代大学功能的多元化发展,大学章程除了起到明确大学与外

---

①冯玉军.中国法律规范体系与立法效果评估[J].中国社会科学,2017(12):138-159.

②汤善鹏.论立法与法治的契合——探寻程序法治的理论逻辑[J].法制与社会发展,2019(5):131-149.

③张弨.欧洲中世纪执教资格的产生与演进[J].世界历史,2013(3):77-91.

④Duryea E D. The academic corporation:A history of college and university governing boards[M]. New York:Taylor & Francis Group,2000:106.

部管理之间的边界作用,还发挥着规范大学内部运作的基本功能。因而,保障多元利益相关者的不同利益诉求,成为大学章程的制度目标。由于高校的利益相关者高度分化,其基本权利诉求也有所不同。虽然参与的全面性可以增进大学章程的民主机能,但民主并非完美无瑕,民主无法确保结果是最佳的或最可行的。如果说程序性正当程序侧重于程序保障,那么实体性正当程序则强调程序本身的正当性。为了给民主注入理性成分,防止多数人通过形式性地遵守大学章程修改程序,来使其对少数人的权利侵犯正当化,就需要实体性正当程序予以规范。

当下各校章程的同质化倾向表明[1],大学章程未能发挥突显高校特色的规范作用,这与其制定过程的程序理性缺失不无关系。完善大学章程的修改程序可以补足这一缺憾,进而提升大学章程的实效。实体性正当程序能够令大学章程实现协商主体间理性交往所需的基本条件,进而发挥权利保障的功能。鉴于《高等学校章程制定暂行办法》仅对大学章程的制定程序做出了民主和公开的要求,并未论及大学章程修改的程序性要求,因而,各校有权根据自身情况,依据实体性正当程序原则,于章程中明确修改的程序性设置。具体策略包括以下三方面。其一,大学章程的修改程序应当按照"职业主义"的原理形成。大学是研究高深学问的地方,保障学术自由是大学章程的精髓。学术领域具有高度专业性,其并非纯粹的公共对话场合。因此在修改章程时,应通过区分不同主体在不同大学事务中的参与权来解决价值冲突的问题。[2]　其二,大学章程修改程序应当公开。公开意在提升大学章程修改的透明度,具体包括:将修改草

---

①赵映川,曹桂玲.我国大学章程的同质化化解对策研究——基于 33 所大学章程文本的分析[J].湖北社会科学,2016(1):172-177.

②张翔.大学章程、大学组织与基本权利保障[J].浙江社会科学,2014(12):65-72.

案全文及时公开,征求各利益相关者的意见;实行旁听会议制度,让利益相关者参与修改的全过程;采取多元化途径收集利益相关者的意见和建议。其三,应当创造自由对话的氛围,包括:参与者发表看法的机会平等性;参与者能够充分表达自己的意见并对他人的观点进行反思和批判;参与者真诚、理性地表达自己的看法,以促进了解并寻求共识;参与者均遵循程序性规则。①

3.正当程序构成大学章程修改的实施保障——主观正义

实际上,正当程序除了具有令程序设置更为公平、精细的客观价值之外,还有重要的主观意义:它能够符合公民的一种主观经验感受,即公民对于正义的基本感知和正当预期。② 如果公民觉得程序是公平的,那么他们就更愿意接受相应的结果。原因有二:其一,虽然程序开始于高度不确定的状态,但由于参与者近距离参与其中,他们获得了对于结果的掌控感;其二,程序也满足了参与者被倾听的需求,进而令他们感受到程序并非冷漠无情的,而是尊重人的尊严的。③ 这种受尊重的氛围不但令参与者体会到了正义,实际也在无形中约束处理者时刻保持公正。里应外合之下,公民对制度的尊重、信任就在某种程度上达到了契合的状态。

大学章程的修改与利益表达、意见表达相关,民主的修改过程能够注重各方的利益表达,进而能够整合各方的诉求。以正当程序价值对修改程序予以规范,无疑能够促进各利益相关者对于章程的认同度。反观我

---

① 杨帆.从商谈法哲学到协商民主实践——哈贝马斯法律商谈论的社会科学实证化研究[M]//郑永流.法哲学和法社会学论丛:2014年卷.北京:中国政法大学出版社,2014:260.

② 苏新建.主观程序正义对司法的意义[J].政法论坛,2014(4):125-133.

③ 郭春镇.感知的程序正义——主观程序正义及其建构[J].法制与社会发展,2017(2):106-119.

国大学章程的制定过程,"政府掌握着大学章程颁布所需要的关键政策资源,校内行政机构管控着大学章程的制定过程,校级领导主导着大学章程的核心理念和关键内容,而院系层面的章程实施也离不开行政权力的'保驾护航'"①,这就导致大学章程的制定缺乏民主参与,造成大学成员对章程的认同度低下的局面,也制约了章程实施的遵从度,使之在实践中往往流于形式。有鉴于此,大学章程的修改程序更应体现民主参与的规范设置。正当程序规范之下的大学章程修改过程,能够令多元利益主体感到大学章程形成过程的公平,自然也会乐于信任并服从其规范。

(三)大学章程修改的正当程序规制

鉴于正当程序能够契合高校的利益相关者高度分化的现实前提,要求在有区分的民主参与的基础上,通过完备的程序设置,实现大学章程的理性输出;同时,正当程序亦有助于将大学章程与高校成员的感受对接,增进成员对大学章程的合法性认同,信赖大学章程的运作;进一步,这种认同感,将有助于高等教育高质量发展的实现。因此,应依据正当程序的价值要求,对大学章程修改的制度规定进行完善。

1.完善修改动议主体提升大学章程的民主性

在大学章程的修改程序中,动议阶段发挥着汇聚利益相关者的修改需求的作用,能够彰显民主价值。由多元利益主体决定是否启动修改,是正当程序对民主性的要求。章程修改程序的启动事关把握议题的主动性,若在此阶段不能赋予各利益主体以参与权,会在很大程度上限制议题生成的民主空间。修改程序的动议作为整个修改程序中能够最大限度容纳民主意志的渠道,一旦被堵塞,就会为章程修改的部门利益化提供温

①李威,熊庆年.大学章程实施中的权力惯性[J].复旦教育论坛,2016(6):75-80.

床。在"高等学校内部普遍存在行政权力集中并日益强化的趋势"①的现状之下,此项问题尤为突出。

大学这一共同体集结了学术、政治和社会等多元群体,各利益相关者有着不同的意志和利益,大学章程必须体现这些群体的普遍利益。比照立法者制定法律的过程,大学章程应当是大学的全体成员对全体成员做出的规定,只有他们才知道自己想要什么,他们为自己制定章程才能实现共同的追求。据此,可以从以下三方面着手完善章程修改的动议主体规定。

第一,为了确保大学章程的民主基础,让各利益相关者的诉求皆有表达的机会,各校章程修改宜采取多元动议主体的制度模式。多元动议主体并非仅对主体数量提出要求,亦对主体种类提出要求。换言之,动议主体应实现学术权与行政权的平衡。就样本观之,采取多元动议主体的高校,主要是将学校党委、校长和教职工代表大会纳入其中。此类模式虽然表现出了一定的民主性,但仍不足以反映校内不同群体——尤其是学术群体——的利益要求。"高校的发展目标发生变化"是章程修改的法定情形之一,高校若要因此修改章程,那么学术权在这一议题的形成过程中不应缺席。毕竟,在建设世界一流大学的新时代,高校的发展目标与其学术能力及学术潜力有重大联系,而学术扎根于学科,因此,各个学科具有学术资质和专业能力的教师群体理应拥有足够的话语权。值得一提的是,虽然教职工代表大会亦在一定程度上为学术群体提供了发声渠道,但教职工代表大会亦包含并非以学术为本职的其他教师,履行学术职能并非其工作定位,因此,有必要将专门的学术组织纳入章程修改的动议主体之中。例如《上海交通大学章程》吸纳高校学术委员会为修改动议主体之

①陈学飞.高校去行政化:关键在政府[J].探索与争鸣,2010(9):63-67.

一,这一做法值得其他高校借鉴。① 此外,学生在大学治理中的主体性地位日益彰显,特别是在大学章程规定的有关学生学习权的事项上,他们应享有话语权。因而,也可考虑将学生群体纳入大学章程的动议主体。《中山大学章程》即赋予学生代表大会及研究生代表大会相应资格。②

第二,大学章程应根据各校实际情况,以具体数字的方式确定各动议主体提出动议的条件。一方面,出于成本的考虑,无限度地向不同主体赋予修改动议权并无实际可能。精细化的制度规定可以在一定程度上发挥节约修改成本的作用,把主体控制在适度范围内。另一方面,此举亦有助于促进各动议主体在动议过程中的内部协商,加强观点的有效整合,最终有利于提升提案质量。对动议主体做出具体的数字规定,实则要求动议具有相当的代表性。

第三,为了避免民主参与的多元性、分散性和低组织性对大学章程修改的质量产生消极影响,有必要在各主体提出动议的基础上,设置科学筛选的环节,进而决定根据符合要求的动议启动章程修改的程序。

2. 区分主体参与权能实现权利保障的有效性

修改章程是一项具有难度的、需要一定智慧的任务,因而对参与者的

---

①《上海交通大学章程》第六十九条:"出现下列情形之一时,由校长或学术委员会或教代会提议,经校长办公会审议通过,启动章程的修订:(一)本章程依据的法律发生变化;(二)学校的举办者发生更替;(三)学校发生合并、分立、更名等变化;(四)学校办学宗旨、战略目标、管理体制、运行机制等发生重大变化;(五)举办者依法要求学校修订章程;(六)其他影响本章程执行的环境或实质内容发生重大变化"。

②《中山大学章程》第八十五条:"本章程的修改动议由以下个人或机构向校长办公会议提出:(一)教职工代表大会三个以上代表团联合。(二)教职工代表大会三分之一以上代表联名。(三)五个以上二级单位(包括学院、独立建制的学系、附属医院、行政部门)联合。(四)学生代表大会或研究生代表大会三分之一以上代表联名。提出章程修改动议应当附交修正案建议稿"。

个人素质有较高的要求。各利益相关者并不一定具有足够的智慧、经验来履行相应的职责,并且,其实际关怀及擅长领域各不相同,因而有必要区分各主体的参与权能,在落实民主的前提之下,从以下两方面进一步提升修改效能。

第一,为了落实民主参与,大学章程应界定各主体的参与权能。虽然部分大学章程在原则层面保障利益相关者民主、公开参与章程制定的权利,但由于缺乏参与权能的制度支撑,终归可能会让民主参与无法实现。既然多元利益相关者的民主参与对维护大学章程的正当性具有重要意义,那么,就需要从制度层面强化章程修改的民主约束力。职是之故,章程修改程序在吸纳民主意见之时,不仅要保障各主体充分表达意见的权利,高校相关部门还应当认真听取意见,在此基础上正确吸收意见。例如,大学章程应对以下四方面内容做出具体规定,让教职工代表大会参与到大学章程的修改程序之中:其一,教职工代表大会作为学校的民主管理、监督机构,可运用身份性权利进入大学章程的修改程序;其二,教职工代表大会具有对修改草案提出意见的权利,其可畅所欲言、充分表达意见;其三,教职工代表大会提出的意见应得到相关部门的回应与反馈,相关部门可采取公布提出意见的情况或意见处理的情况等方式来认真听取意见;其四,教职工代表大会的合理意见应有获得采纳的权利,这是防止相关机关随意处理、搁置民主意见的制度装置。

第二,为了实现制度设计的理性化,应区分不同主体在不同大学事务中的参与权。刻板地要求所有利益相关者均能够在大学章程的修改过程中发挥同样的作用,并非最佳选择。为了确保修改内容的理性输出,民主的限度应当随事项的变动而做出相应的变化。例如,对从事教学科研的教师而言,学术领域是其所擅长的领域,且学术自由是其首要诉求,若章程修改涉及学术环境的变更,那么相较于不从事教学科研的利益相关者而言,教师群体应发挥更为重要的作用。又如,高校的薪酬待遇、福利保障是全体教职人员的共同关注,若章程的修改涉及以上事项的变更,那么教职工群体应以同样的分量参与其中。总之,唯有对利益相关者的"属性"做出明确区分,进而在不同事务上赋予其不同权能,才能令大学章程切实保障多元利益相关者的权利。①

3.规范过程审查机制确保修改程序的正当性

"在立法过程中,存在立法决策主体与立法影响主体的区别。一般来说,前者拥有自主性决策权,后者拥有围绕立法决策权的充分的、竞争性的影响权。"②以此类推,在大学章程修改过程中,行使审议权和审定权的主体,实则拥有修改章程的决策权,而其他主体更多发挥一种影响作用,目的在于让自己的意见能够进入最终的决策过程。"审定"意指审查决定,有着对章程修改案最终批准的意味。章程修改的审定环节作为章程修改稿定型的最后关卡,理应发挥合法性监督职能。依据正当程序的价值要求,为了保障章程的合法性,审定主体不仅应着眼于章程修改的最终结果,还应着眼于达成结果的过程,纠正章程修改过程中的程序不规范问题。

从动议、讨论至审议,再到最后的审定,大学章程的修改过程实则是一种形成合意的过程。形成合意通常包含着利益交易的意味,在各自有原则地让步的情况下,达成"求大同,存小异"的意见。形成合意就需要各方的交涉。符合程序正义的交涉过程,应当是能够使所有理由得到充分展现和论证并获得公正表达的过程。这一过程之所以重要,是因为听到

---

①张翔.大学章程、大学组织与基本权利保障[J].浙江社会科学,2014(12):65-72.

②于兆波.立法决策主体比较研究[J].法商研究,2002(4):114-121.

他人的反驳意见后，一方很有可能会意识到自己看法的片面性，甚或完全推翻自己的看法，进而在深入反思的基础上，有意识地明确和深化自己的理由，产生看待问题的新角度或新标准。① 但是，章程修改的最终结果并非全然是由程序决定的，相关部门也并非仅遵循程序的要求就"达标"了。在这里，审定主体需要对各个环节（尤其是审议环节）进行过程性审查，关注相关主体为什么得出了结论。比照行政法的说明理由制度，章程审定机关应当判断审议机关"是否没有考虑应该考虑的因素、是否考虑了不应该考虑的因素、是否过分夸大或缩小某些因素的效果、是否听取了反对者的意见、是否研讨了替代的方案"等②，复查大学章程修改程序的合理性。这种监督机制有助于形成对等、理性、有效、充分的理想交涉样态，进而使修改结果最大限度趋向理性化。

二、提升大学章程修改的感知度

立法之所以注重民主程序，便是为了在参与的过程中，塑造个体和共同体维度的认同心理。民主程序在公民平等身份的基础上，给予公民表达并实现利益诉求的机会，这是个人利益通过协调并上升为普遍利益进而得到法律确认的过程，可以增进公民对制度的体验与认同；另外，民主过程中多元主体之间的沟通、说服和争取相互承认的机制，还具有孕育公共理念与同胞情感，从而使公民结为一体的功能。③ 此种源自民主程序的、能够强化个体与共同体"休戚与共"心理的体验过程，便是参与感知所带来的成效。

---

① 孙笑侠.程序的法理[M].北京：商务印书馆，2005：33.
② 王贵松.行政裁量的构造与审查[M].北京：中国人民大学出版社，2016：164.
③ 陈明辉.转型期国家认同困境与宪法学的回应[J].法学研究，2018(3)：21-38.

根据公共政策学的相关研究,公共政策的传播机制决定了传播效果,并直接影响公共政策的最终实施。① 虽然大学章程并不属于公共政策,但相关研究却对大学章程宣传工作的有效开展具有重要意义。面对大学章程建设缺乏"前期培育"的现实,加之后期有大量不直接参与章程修改的利益相关者,有效的大学章程修改宣传工作,对于强化大学章程的认同度更显重要。

(一)大学章程修改的感知度较低

"校园网络"是大学章程最主要的宣传方式,其适用率远高于包括培训、讲座等在内的其他宣传方式。

当前,大学章程已向"章程修改"的新阶段迈进,然而,高校官方网站作为承载高校基本信息的主要平台,在大学章程修改的宣传报道与信息公布上均有欠缺。有些高校的大学章程经修改后,官网上仅公布了大学章程的最终文本,并未呈现其修改信息,不利于他人了解大学章程的变迁历程。此外,大多数高校将大学章程公开于学校官网的"概况"栏,与高校的历史发展、组织机构以及学校标识等基本信息并列。还有些学校并未在官网公布大学章程,而是将大学章程公布于其他的信息公开平台,需要经过多次检索才可获得。

大学章程作为高校的"最高法",从效力上来说是校内其他规范性文件的"上位法",从本质上来说是特定大学整体的制度性体现,承载着高校的价值理念。故将大学章程公开于官网,能够更好地凸显章程作为治校根基的制度定位,起到更好的宣传效果。

---

①刘雪明,沈志军.当代中国公共政策传播机制的障碍及原因分析[J].行政论坛,2013(2):71-75.

（二）通过宣传报道提升感知度

大学共同体的所有成员都切身参与大学章程所建构的共同体生活，亦是大学章程发挥其整合作用的前提。如前所述，大学章程以服从者的承认为基础，而大学章程获得此种承认，有赖于个人将自身置于主要整合要素的影响力中。参与大学章程修改的方式包括两种：一种是活跃的、有参与份额的共同体成员，以实际行动参与其中；另一种是以积极的宣传报道阅读者的身份参与其中的共同体成员，在此类参与者的身上，大学章程修改的整合作用的有效性是毋庸置疑的。如果将前一种参与方式称为"直接的行动者"，那么后一种参与方式则是"旁观者式的参与"。当然，旁观者角色的表现形式具有一定的梯度区分：由于旁观者并未直接参与大学章程的修改，所以其对于大学章程构建的共同体生活是间接的，只有借助宣传报道和其他类型的社会沟通才有可能获得此种体验。每个个体在使用"社会沟通"的范围上可能是各不相同的，有人全面阅读大学章程修改的宣传报道，也有人将大学章程的修改事务委托给那些有时间且完全投身于此的人。旁观者式参与者的此种差异性，仅是情感和社会参与的差异性的体现，此类"被动的群体"也会不可避免地进入大学章程修改的过程中，进而参与大学章程建构的共同体生活。

职是之故，学校通过多种形式，宣传报道大学章程修改的相关讯息，是使大学共同体成员获得参与体验的重要途径。通过不同媒介实现与共同体成员的互动，促进受众对大学章程的认知和认同，消解受众的消极情绪，是推进大学章程有效运行的重要渠道。

三、规范大学章程修改的核准监督

大学章程修正案在校内通过后，并不直接生效，而要经过专门的核准程序。以中央部委所属高校章程的核准为例,《高等教育法》第二十九条规定:"设立高等学校由国务院教育行政部门审批。章程的修改,应当报原审批机关核准。"此外,《高等学校章程制定暂行办法》第二十三条规定:"教育部直属高等学校的章程由教育部核准。"核准监督程序也构成当代中国大学章程的民主合意机制的重要组成部分。

(一)核准监督的范畴界定

为了平衡监督权与高校办学自主权,对大学章程的外部监督必须限制在必要的范围之内。科学研究自由是受我国宪法保障的基本权利,从基本权利理论的功能体系观之,科学研究自由主要有三种功能:防御权功能、受益权功能与国家保护功能。科学研究自由的防御权功能,要求国家通常不得以法律的形式来限制该项基本自由;科学研究自由的受益权功能,要求法律可以在最低限度且不违反平等原则的基础上,自由地规定对大学的各种扶持政策;科学研究自由的国家保护功能,要求国家保障学术内部治理结构的合理化,基于这一目的可以规范大学的内部秩序。因此,教育行政机关在核准大学章程的合法性之时,不能简单地将大学章程视为法规范秩序体系的末端,以授权的传递性来判断章程的合法性,而应当在科学研究自由和办学自主权的框架下,对"章程不抵触上位法"做准确理解。但同时,也应考虑到公立大学在我国的法律体制内属于事业单位,它们是政府以公共利益目的,利用国有资产举办的组织,所以它们亦肩负着被授权的行政职权。因此,教育行政机关在对章程进行核准之时,应区分国家权力、高校权力、高校权利、高校自主权,按照不同的标准进行审核。①

第一，在国家运用权力对作为事业单位的公立高校进行管理时，高校的身份是行政相对人。国家权力的行使必须符合最普遍的依法行政原则，没有法律、法规、规章的依据，行政机关不得作出侵害性行政行为。②

第二，法律、法规、规章将部分行政权力授权给高校行使，此时，高校的身份是经法律法规授权的行政主体，它通过行使以行政权力为本质的"高校权力"，对行政相对人进行管理。这里需要区分两种情况：其一，明确性授权；其二，概括性授权。针对明确性授权事项，上级行政机关与高校为内部行政法律关系，行政机关应当监督高校切实履行行政职权；针对概括性授权事项，则需要分情况讨论其性质，比如《教育法》第二十九条规定学校"按照章程自主管理"就属需要进一步讨论的授权。章程中有关"高校权力"的内容，必须接受依法行政原则的拘束，因为高校行使高校权力之时，是行政主体，而学生等其他校内成员则为行政相对人。因此，核准机关在审查有关"高校权力"的相关规定之时，应当依据依法行政的原则开展。

第三，除去国家权力与高校权力之外的那些"权"，属于高校本身所固有的权利，可称为"高校权利"。在这些事项上，如果行政机关要去干涉、限制高校本身的权利，就必须有法律、法规和规章的依据。比如，核准机关可以依据《高等学校实验室工作规程》等法律法规来审查高校章程的合法性，但若没有规范依据，核准机关不得擅自要求章程做出修改。

---

① 湛中乐，黄宇骁.高校自主办学法解释论[J].华东政法大学学报，2020(3)：94-109.

② 根据《事业单位人事管理条例》的规定，事业单位的人事编制、工资拨付属于国家权力，行政机关以行政主体的身份在这些事项上对作为相对人的高校进行管理，需要符合依法行政的要求。

第四,法律优先的高校自主权。《高等教育法》于第三十二条至第三十八条规定了高校的其他自主权,可以称为"高校自主权"。高校自主权与前述三种"权"的关系是:一旦某一事项落入《高等教育法》规定的自主事项,即使它原本属于国家权力或高校权力事项,也应当依照法律优先的规则处理,成为"高校自主权"事项。这就意味着,核准机关一旦要对高校自主权事项做出干涉,必须有法律依据。①

总之,根据法律优先与法律保留原则的配合,可以依据"权"的性质的不同,梳理出章程核准时应秉持的原则。例如,德国《基本法》上的法律保留有不同强度,可分为简单法律保留、特别法律保留和无法律保留限制:简单法律保留意指宪法要求只能由"法律"来限制该项基本权利;特别法律保留意指宪法要求限制该项基本权利的"法律"必须"满足一定的前提条件、追求特定的目的或是使用特定的方式";无法律保留限制则意味着宪法并未规定该项权利可以由"法律"做出限制,学术自由即属于"无法律保留限制"的基本权利。② 法律保留还蕴含着法律的框架保障功能,即在承认教育行政自主空间的同时,为其设定明确的边界。这就意味着,教育行政行为受法律约束的核心要义,不在于法律规范的具体内容已预先明确规定,也不在于通过法律解释给具体案例提供解决方案,而在于法律的授权本身就是法律对教育行政行为形成拘束的根本来源。

（二）核准监督的职权行使

对现行大学章程的实证考察表明,大学章程的制定存在诸多不规范

---

①《高等教育法》第十一条规定:"高等学校应当面向社会,依法自主办学,实行民主管理。"

②赵宏.限制的限制:德国基本权利限制模式的内在机理[J].法学家,2011(2):152-166.

之处,致使章程无法发挥实效。因而,审核机关作为大学章程生效前的最后验证环节,应当承担对大学章程质量进行"把关"的职能。另外,由于我国大学与政府的关系素来偏向于政府主导,而大学章程核准制度缺乏对核准标准的明确规定,因而核准机关在章程核准阶段享有较大的自由裁量权。同时,鉴于并没有制定对大学不同意核准结果的救济制度,可以说,关于章程核准,大学处于"无救济无权利"的境地。因此,审核机关如何把控审核的内容以及审核的强度,对于大学章程的完善而言是至关重要的。

《高等学校章程制定暂行办法》第二十六条规定了核准机关主要核准的六项内容:"(一)违反法律、法规的;(二)超越高等学校职权的;(三)章程核准委员会未予通过或者提出重大修改意见的;(四)违反本办法相关规定的;(五)核准期间发现学校内部存在重大分歧的;(六)有其他不宜核准情形的。"下面将根据这六项内容,分别论述核准机关如何行使相应的职权。

第一,"不得违反法律法规"主要是让核准机关判断大学章程的内容合法性。依据规范向法律体系的开放程度不同,内容合法性主要可分为开放的内容合法性、半开放的内容合法性和封闭的内容合法性:在开放的内容合法性之下,裁判者对规范内容合法性的判断不仅来自规范体系内部,还包括一般正义理念、公众意见和社会效果等法外因素;封闭的内容合法性意指裁判者仅可依据现存规范体系,通过逻辑涵摄得出规范内容的合法性;半开放的内容合法性意指裁判者需要从与整个法律体系相融贯的法律原则或目的中,去建构性地诠释规则的合法性。[1]

---

① 俞祺.规范内容合法性的不同面向及其适用限度——兼论规范性文件合法性审查的不同层次[J].浙江理工大学学报(社会科学版),2016(1):64-71.

第二，审查大学章程的内容是否"超越高等学校职权"，实际上与审查大学章程是否违反法律法规是一致的。《教育法》和《高等教育法》规定了大学的自主权范围，鉴于大学在行使以单方意志性与强制性为特征的自主权时，被认定为"经法律、法规、规章授权的行政主体"，因此，依据"法无授权即禁止"的公法原理，大学在制定章程时不得超越自身的职权范围。

第三，审查大学章程的内容是否"违反本办法相关规定的"，从大学章程与作为部门规章的《高等学校章程制定暂行办法》的效力关系展开论述。

第四，"章程核准委员会未予通过或者提出重大修改意见的"以及"核准期间发现学校内部存在重大分歧的"这两项要求，则对前述三项审查标准构成了一种细化与强调的作用。一方面，章程的制定不得是单一或部分利益相关者主导下的产物，大学章程的制定程序必须具有民主的元素，这是大学章程制定程序的内在要求。若核准机关发现学校内部存在重大分歧意见，说明大学章程的相关内容并未实现多数同意，至少它在制定程序上是存有瑕疵的。通常认为，合法性审查的内涵包括遵循规范化的制定程序，因此，此项内容可视为对合法性审查的细化。另一方面，核准机关的审查内容为大学章程的合法性、适当性、规范性以及制定程序，而章程核准委员会的任务是在章程通过专门机构的初审的基础上，进一步对以上内容进行评议，因此这项审查标准起到了强调前述其他审查标准的作用。

综上所述，核准制需要注意两方面的问题：其一，核准机关的审查范围；其二，核准机关的审查深度。要解决"核准制"存在的问题，必须明确高校自主权与教育行政管理权之间的界限，换言之，即明确核准机关必须起到监督作用的范围，以及核准机关必须予以尊重的范围。

依笔者之见，鉴于当下部分大学章程在内容规定上有所缺失，因而核准机关应当对照《高等学校章程制定暂行办法》第二章的规定,逐一审核大学章程是否就相关内容做出了规定。应当规定的内容却未予规定,实则类似于"立法不作为",因而审核机关应当要求学校重新补充相关内容。例如,多数大学章程并未就"举办者对学校进行管理或考核的方式"做出规定,还有不少大学章程未对章程修改的启动条件做出规定。这些都是大学章程良好运作所必不可少的内容要素,因而,审核机关应当严格审查大学章程是否具备相关内容。同时,审核机关还应就大学章程是否缺少程序性规定做出审核,避免相关条款流于形式。当然,很多内容的程序性规定并不会直接体现于大学章程之中,而是通过其他校内规范性文件予以落实,但是大学章程必须载明关涉章程制定的程序性规则,比如如何启动章程修改和审议。

至于在审核大学章程的内容合法性之时,应关注大学章程的内容是否明显违反了宪法、法律的明文规定。对大学章程而言,国家立法起到了一种框架功能,大学章程的核准是一种主动审查,教育行政机关不宜过多过细地介入。司法机关担负着权利救济的功能,为了避免大学自治权对成员造成侵害,法院要做的,就是肯认大学的自主空间,同时为该空间划定界限。

"立法者可以通过法律形式制定规范框架,但这些框架应当仅具有任意性规定的效力,而不应具备强制性约束力。"可以推测,《高等学校章程制定暂行办法》(以下简称《办法》)之所以采取"核准制"而非"审批制",是因为"核准制"在审查范围、审查程序和审查强度上都有所限缩和简化,以呼应《办法》第三十一条所规定的"高等学校的主管教育行政部门对章程中自主确定的不违反法律和国家政策强制性规定的办学形式、管理办法等,应当予以认可"。

"自负其责特征指的是自治机构与国家保持距离。它将国家机构对自治团体的监督限制为合法性监督。"①大学是一个拥有办学自主权的独立实体,学术事务的自律性既成就了大学共同体的独特性,也划清了国家立法权与行政权的界限。从法律多元主义的视角来看,突破"制定主体决定法律位阶"的传统思维定式,在多元化社会显得尤为重要。诚如有学者所言:"法律位阶理论所设想的'金字塔'式结构,并不等于一维链式结构……对于这些不同类型的受调节规范而言,它们的适用条件和范围是不同的,因而在其相应的适用范围内各有其优先性。在此,决定规范之间效力冲突走向的,并不仅仅是调节性规范与受调节规范之间的笼统关系,更是这种关系背后的详细内容。"②换言之,若将法律位阶理解为一个多维度的空间,上位规范与一系列下位规范之间的效力关系就并非类似于"传送带"似的递减关系,而很可能呈现为宪法与法律之下的块状结构,这是核准机关在核准大学章程时应纳入考量的。

四、小结

自治的正当性,来自每一个利害关系人能够参与团体意志的形成与决定过程,在参与的过程中,共同体本身的共同价值也获得了强化。这便是大学章程民主合意机制的原理与意义。若是比照民主之于立法的意义,可知大学章程修改中的民主参与,至少在以下三个方面表现出其价值:其一,参与的程序能够让多数人的意志形成合意,并充分肯定少数人的权利,从而实现民主的价值;其二,参与的程序能够促进不同主体的相

---

①阿斯曼,等.德国行政法读本[M].于安,等,译.北京:高等教育出版社,2006:152.

②湛中乐,苏宇.论大学章程的法律位阶:基于法律多元主义的再认识[J].行政法论丛,2015(18):39-54.

互启迪和相互补充,克服个人或部分群体意见的疏漏,从而实现章程修改结果的科学性;其三,实证研究表明,民主的程序能够加强人们对结果的接受性。具体而言,由于章程修改往往涉及多元化的利益分配和价值判断,很难形成实际的"全体一致"的结果,而程序的正当性有助于加强结果的正当性(可接受性),其中,表达机会的公平性、官方的中立性、充分交流、信息公开等都是有助于提升立法程序正当性评价的制度特征。① 在哈贝马斯所畅想的"理想的言谈情境"中,程序的参与者必须能够平等发表看法,具体而言:程序不能只允许一方观点的持有者表达自己的意见,而剥夺另一方的表达机会;参与程序各方都能对议题充分表达自己的意见,这就意味着在可能的情况下要给予当事人充分的表达时间,并且要给予其充分的时间对他人的观点进行反思和批判;程序的参与者应能够使用表达性的言谈行动(expressive action)来表达自己的真实观点;程序的参与者必须完全遵守交涉的规则,此所谓高度规范化的说明义务。②

有学者指出:"推进新时代中国特色大学章程建设,当务之急是积极回应外部制度环境的客观要求,主动适应有效推进内部章程实施的主观需要,坚持中国特色和大学风格并重地修改章程,不断缩小章程同现实之间的'缺口',保障中国特色大学章程之治早日实现。"③而大学章程修改的民主合意机制,有助于让利益相关者参与真实的大学生活,并基于自身对大学整体的体验与感知,助力这一实质目标的实现。

---

① 冯健鹏.平等的程序与程序的平等——关于立法正当程序的一个实证研究[J].法学评论,2012(6):26-34.

② 杨帆.从商谈法哲学到协商民主实践——哈贝马斯法律商谈论的社会科学实证化研究[M]//郑永流.法哲学和法社会学论丛:2014年卷.北京:中国政法大学出版社,2014:260.

③ 赵玄.章程修改:中国特色大学章程建设新常态[J].中国高教研究,2022(1):90-95.

结　语

从改革开放至今,中国的大学治理方式已发生了深刻变化,这一变化通常是由党和政府通过自上而下外推的方式来实现的,我国大学章程的建设也是如此。最高决策层及时释放出"优先发展教育,建设人力资源强国""推动高等学校内部治理结构改革"的战略部署信号,教育部配合出台《高等学校章程制定暂行办法》《全面推进依法治校实施纲要》《学校教职工代表大会规定》《高等学校学术委员会规程》等多份文件指导章程建设的推进,并要求教育行政部门推进章程核准工作,进而使高校章程建设的进程大大加快。离开了这一背景,便难以解释为何全国的高校在如此短暂的时间内一下子都完成了章程建设。

诚然,在动态和递进的意义上,大学章程的建设并不是终点,大学章程的有效运行才是维系制度生命力的根本所在。随着科技的快速发展和国际竞争的加剧,进而推动经济的转型升级和社会的变革进步,国家的竞争力越来越依赖于人才和技术创新。是故,高等教育必须以更高的标准来实现个体、社会和国家之间的有效衔接。因此,在新时代全面依法治国向纵深推进的大背景下,结合高等教育高质量发展这一新的历史方位,从宪法视角对大学章程的制度定位做进一步观察,显得尤为必要,理由主要有三:第一,宪法是法治国家调整个体与共同体关系的根本规范,是国家的理性制度化形式;第二,高等教育制度是宪法上的一项国家制度,在依宪治国与依法治教的背景下，高等教育制度体系应置于宪法实现国家的存续与发展的整体视野下进行思考；第三，宪法视角能够揭示包括大学章程在内的高等教育制度，如何作用于"个体—共同体"的精神交互，强化彼此的共生关系，为国家的未来发展提供最为基本、深层与持久的动力。

　　基于这一新的视角，本书反思了既有研究所使用的方法在问题意识主体性上存在的不足，并从大学章程的价值凝聚机制与大学章程的民主合意机制，对当代中国大学章程的运行机制做出了新的分析。诚然，本书仅是提出了一个较为粗略的框架性思考，如何通过配套制度的设计辅助大学章程运行实效的提升，仍需在未来的发展中进一步研究。

参考文献

中文文献

[1]2016 年全国教育经费统计快报发布［EB/OL］.（2017-05-03）［2018-04-27］. http://www. moe. edu. cn/jyb_xwfb/gzdt_gzdt/s5987/2017 05/t20170503_303595. html.

[2]211,985 高校拿走全国七成政府科研经费［EB/OL］.（2014-11-19）［2017-06-05］. https://news. cntv. cn/2014/11/19/ARTI14163487 24278172. shtml.

[3]阿斯曼,等. 德国行政法读本［M］. 于安,等,译. 北京:高等教育出版社,2006.

[4]奥斯丁,琼斯. 高等教育治理——全球视野、理论与实践［M］. 孟彦,等,译. 北京:学苑出版社,2020.

[5]包万平,李金波. 我国学位授予权权能法理研究［J］. 华北电力大学学报(社会科学版),2014(1):120-128.

[6]鲍威尔,迪马吉奥. 组织分析的新制度主义［M］. 姚伟,译. 上海:上海人民出版社,2008.

[7]波斯特. 民主、专业知识与学术自由——现代国家的第一修正案理论［M］. 左亦鲁,译. 北京:中国政法大学出版社,2014.

[8]伯恩鲍姆.大学运行模式:大学组织与领导的控制系统[M].别敦荣,译.青岛:中国海洋大学出版社.2003.

[9]伯格,西伯.慢教授[M].田雷,译.桂林:广西师范大学出版社,2021.

[10]博登海默.法理学:法律哲学与法律方法[M].邓正来,译.北京:中国政法大学出版社,2004.

[11]博克.走出象牙塔——现代大学的社会责任[M].徐小洲,陈军,译.杭州:浙江教育出版社,2001.

[12]布鲁贝克.高等教育哲学[M].王承绪,等,译.杭州:浙江教育出版社,2002.

[13]蔡琳.不确定法律概念的解释——基于"甘露案"的分析[J].华东政法大学学报,2014(6):18-29.

[14]陈彬,郑宁.章程的生命力在于实施——全国75所高等学校章程实施情况评估报告[J].中国高等教育,2016(19):17-19.

[15]陈谷嘉,邓洪波.中国书院史资料[M].杭州:浙江教育出版社,1998.

[16]陈国栋.作为社会权的受教育权——以高等教育领域为论域[J].苏州大学学报,2015(3):74-85.

[17]陈洪捷.什么是洪堡的大学思想[J].中国大学教学,2003(6):24-26.

[18]陈金圣.从行政主导走向多元共治:中国大学治理的转型路径[J].教育发展研究,2015(11):40-47.

[19]陈立鹏,聂建峰.高等学校章程制定主体研究[J].中国高教研究,2007(5):12-14.

[20]陈立鹏,杨阳.贯彻落实《教育规划纲要》全面推动大学章程建设[J].国家教育行政学院学报,2010(8):25-30.

[21]陈立鹏. 大学章程制定情况不容乐观[J]. 教育与职业,2013(31):
    60-61.

[22]陈明辉. 什么样的共和国? ——现行宪法中"社会主义国家"的性质
    与内涵[J]. 北大法律评论,2019(2):49-78.

[23]陈明辉. 转型期国家认同困境与宪法学的回应[J]. 法学研究,2018
    (3):21-38.

[24]陈鹏. 高等学校学生处分权的法理学探析[J]. 教育研究,2004(9):
    37-42.

[25]陈伟. 办学自主权:高等学校治理的中国创制[J]. 教育发展研究,
    2022(3):51-60.

[26]陈学飞. 高校去行政化:关键在政府[J]. 探索与争鸣,2010(9):
    63-67.

[27]陈学敏. 关于大学章程的法律分析[J]. 武汉大学学报(哲学社会科
    学版),2008(2):169-172.

[28]陈彦宏. 权利类属理论之反思——以霍菲尔德权利理论为分析框架
    [J]. 法制与社会发展,2011(6):69-83.

[29]陈征,刘馨宇. 宪法视角下的科研经费给付制度研究[J]. 中国高校
    社会科学,2020(4):106-115.

[30]陈志勇,等. 论新时代高校立德树人的落实路径[J]. 国家教育行政
    学院学报,2018(7):59-63.

[31]程北南. 美国大学治理结构的经济学分析[M]. 北京:中国财政经济
    出版社,2010.

[32]茨威格特,克茨. 比较法总论[M]. 潘汉典,米健,高鸿钧,等,译. 北
    京:法律出版社,2003.

[33]邓世豹. 法律位阶与法律效力等级应当区分开[J]. 法商研究,1999

(2):57-59.

[34]翟小波."软法"及其概念之证成——以公共治理为背景[J].法律科学,2007(2):3-10.

[35]董保城,朱敏贤.国家与公立大学之监督关系及其救济程序[M]//湛中乐.大学自治、自律与他律.北京:北京大学出版社,2006.

[36]董标.教育理论的知识基础是什么——教育认知革命"宣言"[J].山西大学学报(哲学社会科学版),2022(4):92-102.

[37]杜倩博.中国高校党委与校长的"决策－执行"关系:内涵诠释与完善策略[J].复旦教育论坛,2017(3):32-38.

[38]杜小真.大学、人文学科与民主[J].读书,2001(12):3-13.

[39]杜玉波.构建高质量高等教育体系[N].中国教育报,2022-01-10(5).

[40]段明,黄镇.中西方大学章程的制度变迁比较研究[J].黑龙江高教研究,2022(5):32-37.

[41]范德格拉夫,等.学术权力——七国高等教育管理体制比较[M].王承绪,等,译.杭州:浙江教育出版社,2001.

[42]范富格特.国际高等教育政策比较研究[M].王承绪,译.杭州:浙江教育出版社,2001.

[43]范佳洋.大学章程的法律性质:行政权力的延伸抑或自主立法?[J].时代法学,2018(6):46-54.

[44]范西莹.大学章程有效运行机制研究[M].西安:陕西师范大学出版总社,2018.

[45]菲佛,等.组织的外部控制——对组织资源依赖的分析[M].闫蕊,译.北京:东方出版社,2006.

[46]冯建军.构建立德树人的系统化落实机制[J].国家教育行政学院学

报,2019(4):8-18.

[47]冯健鹏. 平等的程序与程序的平等——关于立法正当程序的一个实证研究[J]. 法学评论,2012(6):26-34.

[48]冯玉军. 中国法律规范体系与立法效果评估[J]. 中国社会科学,2017(12):138-159

[49]弗里曼. 战略管理——利益相关者方法[M]. 王彦华,等,译. 上海:上海译文出版社,2006.

[50]伏创宇. 高校校规合法性审查的逻辑与路径——以最高人民法院的两则指导案例为切入点[J]. 法学家,2015(6):127-142.

[51]高杭. 大学章程的法律效力及其发挥[J]. 国家教育行政学院学报,2014(12):31-34.

[52]高军. 学术自由的类型划分及其意义[J]. 高教探索,2007(2):13-16.

[53]高秦伟. 社会自我规制与行政法的任务[J]. 中国法学,2015(5):73-98.

[54]格林. 基本权利在德国的地位——宪法裁判 65 年实践后的考察[J]. 林彦,译. 华东政法大学学报,2017(1):20-33.

[55]耿宝建. 高校行政案件中的司法谦抑与自制[J]. 行政法学研究,2013(1):93-98.

[56]关保英. 社会变迁中行政授权的法理基础[J]. 中国社会科学,2013(10):102-120.

[57]郭春镇. 感知的程序正义——主观程序正义及其建构[J]. 法制与社会发展,2017(2):106-119.

[58]郭卉. 我国公立大学治理变革的困境与破解——基于路径依赖理论的分析[J]. 湖南师范大学教育科学学报,2011(5):22-33.

[59]哈贝马斯.在事实与规范之间:关于法律和民主法治国的商谈理论[M].童世骏,译.北京:生活·读书·新知三联书店,2003.

[60]哈珀.美国高等教育的发展趋势[M].高玲,曹春平,译.杭州:浙江教育出版社,2019.

[61]哈斯金斯.大学的兴起[M].王建妮,译.上海:上海人民出版社,2007.

[62]哈特.法律的概念[M].许家馨,李冠宜,译.北京:法律出版社,2011.

[63]哈耶克.自由秩序原理[M].邓正来,译.上海:上海三联书店,1997.

[64]韩春晖,卢霞飞.大学章程:我国大学治理模式的变革之道——以公立大学的公法人化为导向[J].上海政法学院学报(法治论丛),2011(6):85-92.

[65]韩强.高校依法治校内外环境因素研究[M].北京:法律出版社,2017.

[66]韩毅.历史的制度分析:西方制度史学的新进展[M].沈阳:辽宁大学出版社,2002.

[67]何海波.论行政行为"明显不当"[J].法学研究,2016(3):70-88.

[68]何生根,周慧.论学术自由权的保障与救济[J].法制与社会发展,2005(2):79-90.

[69]贺东航,孔繁斌.公共政策执行的中国经验[J].中国社会科学,2011(5):61-79.

[70]黑塞.联邦德国宪法纲要[M].李辉,译.北京:商务印书馆,2007.

[71]侯欣迪,郭建如.高校教代会代表的参与路径和参与周期——基于某综合性大学的案例研究[J].北京大学教育评论,2013(2):

146-164.

[72]胡甲刚,刘亚敏.大学章程中教师学术权利规范的分析与建构——基于我国41所大学章程文本的比较研究[J].复旦教育论坛,2021(3):24-30.

[73]胡建华.费希特的大学论及其对19世纪初期德国大学改革的影响[J].清华大学教育研究,2002(5):65-70.

[74]胡建华.战后日本大学史[M].南京:南京大学出版社,2001.

[75]胡劲松.德国公立高校法律身份变化与公法财团法人改革——基于法律文本的分析[J].比较教育研究,2013(5):1-21.

[76]胡适.书院制史略[M]//胡适.读书与人生.沈阳:万卷出版公司,2022:170-175.

[77]黄福涛.外国高等教育史[M].北京:北京大学出版社,2021.

[78]黄锦堂.德国大学法"新公共管理"改革之研究[J].政大法律评论,2009(118):165-225.

[79]黄锦堂.行政组织法之基本问题[M]//翁岳生.行政法.北京:中国法制出版社,2002.

[80]黄舒芃.学术自由、大学自治与国家监督——从大学自治的意义与界限检讨博硕士学位论文抄袭争议之规范与监督机制[J].月旦法学杂志,2013(7):5-27.

[81]霍伊,米斯克尔.教育管理学:理论·研究·实践[M].范国睿,译.北京:教育科学出版社,2007.

[82]季卫东.法律程序的意义——对中国法制建设的另一种思考[J].中国社会科学,1993(1):83-103.

[83]季卫东.法治秩序的建构(增补版)[M].北京:商务印书馆,2019.

[84]加塞特.大学的使命[M].徐小洲,陈军,译.杭州:浙江教育出版

社,2001.

[85]贾西津. 民间组织与政府的关系[M]//王名. 中国民间组织30年——走向公民社会(1978—2008). 北京:社会科学文献出版社,2008:189.

[86]姜国平. 论公立大学章程的行政契约性质[J]. 江苏高教,2014(4):49-52.

[87]蒋红珍. 论比例原则——政府规制工具选择的司法评价[M]. 北京:法律出版社,2010.

[88]蒋荣,李威. 江西高校大学章程建设现状实证研究[J]. 江西科技师范大学学报,2016(5):82-92.

[89]焦志勇,杨军. 提升公立大学章程效力的根本途径[J]. 湖北社会科学,2011(2):149-152.

[90]解志勇,王涛. "退学处理"的法律性质及其救济途径探析[J]. 行政法学研究,2007(1):74-81.

[91]金家新,张力. 大学章程在大学法人化治理中的价值向度与法律限度[J]. 南京社会科学,2014(12):128-135.

[92]金正波. 我国高等教育进入普及化阶段[N]. 人民日报,2023-01-11(4).

[93]凯尔森. 法与国家的一般理论[M]. 沈宗灵,译. 北京:中国大百科全书出版社,1996.

[94]柯文进,刘业进. 大学章程起源与演进的考察[J]. 清华大学教育研究,2012(5):74-81.

[95]科恩. 论民主[M]. 聂崇信,朱秀贤,译. 北京:商务印书馆,1988.

[96]克伯雷. 外国教育史料[M]. 任宝祥,等,译. 武汉:华中师范大学出版社,1990.

[97]克拉克. 高等教育系统——学术组织的跨国研究[M]. 王承绪,徐辉,殷企平,蒋恒,译. 杭州:杭州大学出版社,1994.

[98]克拉克. 高等教育新论——多学科的研究[M]. 王承绪,等,译. 杭州:浙江教育出版社,2001.

[99]拉斯达尔. 中世纪的欧洲大学——博雅教育的兴起(第三卷)[M]. 邓磊,译. 重庆:重庆大学出版社,2011.

[100]拉斯达尔. 中世纪的欧洲大学——大学的起源(第一卷)[M]. 崔延强,邓磊,译. 重庆:重庆大学出版社,2011.

[101]拉斯达尔. 中世纪的欧洲大学——在上帝与尘世之间(第二卷)[M]. 崔延强,邓磊,译. 重庆:重庆大学出版社,2011.

[102]赖晓黎.《大学之理念》再思考——从洪堡与纽曼谈起[J]. 教育与社会研究,2009(6):33-77.

[103]劳凯声. 教育法学[M]. 北京:中国人民大学出版社,2023.

[104]雷磊. 法律权利的逻辑分析:结构与类型[J]. 法制与社会发展,2014(3):54-75.

[105]黎军. 基于法治的自治——行业自治规范的实证研究[J]. 法商研究,2006(4):47-54.

[106]黎军. 行业组织的行政法问题研究[M]. 北京:北京大学出版社,2002.

[107]李斌琴. 寻求合法性:我国大学趋同化机制解析——从重点大学政策说起[J]. 高教探索,2012(1):14-17.

[108]李福华,宋文红. 治理现代化视野中高校职能部门的性质与职责[J]. 高等教育研究,2022(9):30-38.

[109]李红伟,石卫林. 大学章程关于学术权力制约机制的规定——基于美、英、德三国大学章程的文本比较[J]. 高等教育研究,2013(7):

35-38.

[110]李护君,石连海.权利契约与权力制衡:美国私立研究型大学章程执行有效性分析[J].国家教育行政学院学报,2023(11):86-95.

[111]李建华.公共政策程序正义及其价值[J].中国社会科学,2009(1):64-69.

[112]李威,熊庆年.大学章程实施中的权力惯性[J].复旦教育论坛,2016(6):75-80.

[113]李昕.法人概念的公法意义[J].浙江学刊,2008(1):19-25.

[114]李昕.公立大学法人制度研究[M].北京:中国民主法制出版社,2017.

[115]李雪林.中国高校模式趋同质人才培养趋单一[N].文汇报,2012-12-02(2).

[116]李玉红,盛婉玉.地方高校文化育人的理论与实践[J].河北师范大学学报(教育科学版),2023(6):81-84.

[117]李志雄,吴美琴.中国公立大学章程的法律性质探析[J].齐齐哈尔大学学报(哲学社会科学版),2017(7):84-87.

[118]李忠夏.中国宪法学方法论反思[J].法学研究,2011(2):160-172.

[119]梁启超.学与术[M]//周岚,常弘.饮冰室书话.长春:时代文艺出版社,1998:473-475.

[120]林毓生.学术自由的理论基础及其实际含意——兼论消极自由与积极自由[J].开放时代,2011(7):45-53.

[121]刘承波.大学治理的法律基础与制度架构:美国大学章程透视[J].国家教育行政学院学报,2008(5):84-90.

[122]刘广明.大学边界的形成与功能:组织社会学的视角[J].郑州大学学报(哲学社会科学版),2008(3):104-107.

[123]刘茂林.宪法就是组织共同体的规则[J].山东社会科学,2006(8)：8-9.

[124]刘茂林.中国宪法导论(第三版)[M].北京：北京大学出版社,2022.

[125]刘璞.我国公立大学章程法律性质辨析[J].法学教育研究,2011(5)：224-236.

[126]刘献君.高等学校决策的特点、问题与改进[J].高等教育研究,2014(6)：17-24.

[127]刘雪明,沈志军.当代中国公共政策传播机制的障碍及原因分析[J].行政论坛,2013(2)：71-75.

[128]刘尧.大学特色的形成与发展[J].清华大学教育研究,2004(6)：87-91.

[129]刘艺.从"立法治教"到"依法治教"——高等教育与法律关系的"反身法"考察[J].社会科学家,2006(3)：97-101.

[130]刘妤.秘密还是公开——代议机关的表决方式研究[J].人大研究,2016(9)：19-25.

[131]刘振天,李森,等.笔谈:高等教育高质量发展的系统思考与分类推进[J].大学教育科学,2021(6)：4-19.

[132]卢曼.信任:一个社会复杂性的简化机制[M].瞿铁鹏,李强,译.上海：上海人民出版社,2005.

[133]芦部信喜.制宪权[M].王贵松,译.北京：中国政法大学出版社,2012.

[134]陆道坤.师德"失范"现象折射出的教师专业发展困境与思考[J].教育科学,2013(4)：69-75.

[135]陆一,熊庆年.大学章程文本的构成[J].复旦教育论坛,2012(3)：

27-32.

[136]路风.单位：一种特殊的社会组织形式[J].中国社会科学,1989(1):71-88.

[137]罗尔斯.正义论[M].何怀宏,等,译.北京：中国社会科学出版社,1988.

[138]罗索夫斯基.美国校园文化：学生·教授·管理[M].谢宗仙,周灵芝,马宝兰,译.济南：山东人民出版社,1996.

[139]吕埃格.欧洲大学史：第一卷：中世纪大学[M].张斌贤,等,译.保定：河北大学出版社,2008.

[140]吕芳.北京部分高校大学生国家认同的调查与分析[J].政治学研究,2010(4):58-64.

[141]马怀德.公务法人问题研究[J].中国法学,2000(4):40-47.

[142]马陆亭,范文曜.大学章程要素的国际比较[M].北京：教育科学出版社,2010.

[143]马陆亭.大学章程建设的"冷"与"热"[J].现代教育管理,2013(9):1-5.

[144]马镛.中国教育制度通史：第五卷[M].济南：山东教育出版社,2000.

[145]毛雷尔.行政法学总论[M].高家伟,译.北京：法律出版社,2000.

[146]梅兹格.美国大学时代的学术自由[M].李子江,罗慧芳,译.北京：北京大学出版社,2010.

[147]米俊魁.大学章程法律性质探析[J].现代大学教育,2006(1):52-55.

[148]缪榕楠.学者行会的成员资格——中世纪大学教师录用的历史考察[J].教师教育研究,2007(2):62-67.

[149]尼格罗,等. 公共行政学简明教程[M]. 郭晓来,等,译. 北京:中共中央党校出版社,1997.

[150]纽曼. 大学的理想[M]. 徐辉,顾建新,何曙荣,译. 杭州:浙江教育出版社,2001.

[151]诺内特,塞尔兹尼克. 转变中的法律与社会——迈向回应型法[M]. 张志铭,译. 北京:中国政法大学出版社,1994.

[152]诺思. 制度、制度变迁与经济效益[M]. 杭行,译. 上海:上海三联书店,1994.

[153]帕森斯. 现代社会的结构与过程[M]. 梁向阳,译. 北京:光明日报出版社,1988.

[154]潘静. 软法视角下我国大学章程实施的困境与完善[J]. 江苏高教,2015(5):65-67.

[155]培养德智体美劳全面发展的社会主义建设者和接班人(二○一八年九月十日)[M]//习近平. 论党的宣传思想工作. 北京:中央文献出版社,2018:343-352.

[156]彭道林. 自由教育及其践行[M]. 重庆:西南师范大学出版社,2017.

[157]彭华安. 高等教育管理体制 70 年变迁研究[M]. 北京:中国社会科学出版社,2020.

[158]彭拥军,何盈玥. 高等教育高质量发展的度[J]. 江苏高教,2021(8):7-15.

[159]齐佩利乌斯. 法学方法论[M]. 金振豹,译. 北京:法律出版社,2013.

[160]千叶正士. 法律多元——从日本法律迈向一般理论[M]. 强世功,等,译. 北京:中国政法大学出版社,1997.

[161]秦汉. 高校研究生学术不端处罚的权利救济与程序正义——基于对"C9 联盟"高校相关制度的考察[J]. 高校教育管理,2018(1):61-67.

[162]秦惠民,牛晓雨. 扩散与创新:大学章程建设的制度过程[J]. 高等教育研究,2022(8):39-45.

[163]秦惠民. 有关大学章程认识的若干问题[J]. 教育研究,2013(2):85-91.

[164]秦小建. 宪法的道德使命:宪法如何回应社会道德困境[M]. 北京:法律出版社,2015.

[165]裘指挥,蒋洋. 高校学生权利的正当性反思——基于 92 所"双一流"建设高校章程文本的分析[J]. 高等教育研究,2023(9):30-38.

[166]屈茂辉,王骏. 公办高校法人决策机关的理论逻辑和制度构造[J]. 大学教育科学,2017(1):33-41.

[167]阮李全. 大学章程对高校办学自主权的界分与保障[J]. 现代教育管理,2015(10):7-13.

[168]塞林. 美国高等教育史(第三版)[M]. 许可,冷瑜,译. 福州:福建教育出版社,2023.

[169]瑟吉奥万尼. 教育管理学(第五版)[M]. 黄崴,译. 北京:中国人民大学出版社,2014.

[170]尚春美,张胤. 高校内部治理结构研究——基于在宁 8 所高校大学章程的分析[J]. 东南大学学报(哲学社会科学版),2021(2):163-166.

[171]申素平. 论公立高等学校的公法人化趋势[J]. 清华大学教育研究,2002(3):65-70.

[172]沈波,许为民. 学术评议会:大学学术权力的制度保障与借鉴——

以德国大学为例的分析[J]. 中国高教研究,2012(7):60-64.

[173]沈岿. 平衡论:一种行政法认知模式[M]. 北京:北京大学出版社,1999.

[174]沈岿. 谁还在行使权力——准政府组织个案研究[M]. 北京:清华大学出版社,2003.

[175]沈岿. 析论高校惩戒学生行为的司法审查[J]. 华东政法学院学报,2005(6):24-34.

[176]施悦琪. 高等教育系统高质量发展的理论内涵与实践原则——自组织理论的视角[J]. 江苏高教,2022(2):30-37.

[177]石旭斋. 大学章程与高校治理:基于 A 省普通高校章程建设情况调查[M]. 北京:社会科学文献出版社,2022.

[178]斯门德. 宪法与实在宪法[M]. 曾韬,译. 北京:商务印书馆,2020.

[179]苏明. 现代大学制度建设理论与实践探索[M]. 上海:上海大学出版社,2017.

[180]苏新建. 主观程序正义对司法的意义[J]. 政法论坛,2014(4):125-133.

[181]苏宇. 论大学章程的制定主体[J]. 上海政法学院学报,2011(6):93-99.

[182]眭依凡. 大学校长的教育理念与治校[M]. 北京:人民教育出版社,2001.

[183]眭依凡. 论大学校长之文化治校[J]. 清华大学教育研究,2012(6):16-35.

[184]孙潮,寇杰. 论立法程序[J]. 法学,1995(6):31-34.

[185]孙进. 德国一流大学的校长选任制度——柏林洪堡大学的个案分析[J]. 外国教育研究,2014(2):78-86.

[186]孙进.政府放权与高校自治——德国高等教育管理的新公共管理改革[J].现代大学教育,2014(2):36-43.

[187]孙康.学术自治的司法适用及法治保障——基于裁判文书的考察[J].复旦教育论坛,2023(5):31-38.

[188]孙霄兵.教育法理学[M].北京:教育科学出版社,2017.

[189]孙笑侠,郭春镇.法律父爱主义在中国的适用[J].中国社会科学,2006(1):47-58.

[190]孙笑侠.程序的法律[M].北京:商务印书馆,2005.

[191]汤善鹏.论立法与法治的契合——探寻程序法治的理论逻辑[J].法制与社会发展,2019(5):131-149.

[192]陶光胜,付卫东.我国大学章程执行"肠梗阻"的病理解剖——基于64所高校的数据分析[J].理论月刊,2017(10):70-74.

[193]滕春兴.西洋教育史:中世纪及其过渡世代[M].新北:心理出版社,2009.

[194]托依布纳.魔阵、剥削、异化——托依布纳法律社会学文集[M].泮伟江,高鸿钧,等,译.北京:清华大学出版社,2012.

[195]王冰.试论马克思人的全面发展学说[J].郑州大学学报(哲学社会科学版),2002(3):66-70.

[196]王晨光,刘文.市场经济和公法与私法的划分[J].中国法学,1993(5):28-36.

[197]王春业.论高校章程法律化及其实现路径[J].中国高教研究,2011(6):37-40.

[198]王春业.论我国公立大学章程的法律效力及其实现路径[J].清华大学教育研究,2014(4):16-26.

[199]王大泉.我国高等学校章程建设的现状、问题与发展路径[M]//湛

中乐. 通过章程的大学治理. 北京:中国法制出版社,2011.

[200]王大泉. 我国高校章程建设的现状与路径[J]. 中国高等教育,2011(9):16-17.

[201]王德志. 论我国学术自由的宪法基础[J]. 中国法学,2012(5):5-23.

[202]王顶明,潘晨晨,刘晓春. 高校办学自主权现状分析与应对策略——基于1221名大学领导者的调研[J]. 教育发展研究,2023(7):1-10.

[203]王贵松. 论行政裁量的司法审查强度[J]. 法商研究,2012(4):66-76.

[204]王贵松. 行政裁量的构造与审查[M]. 北京:中国人民大学出版社,2016.

[205]王国文,王大敏. 学校章程的法律分析[M]//中国教育法制评论(第2辑),北京:教育科学出版社,2003:104-119.

[206]王建华. 高等教育学的持续研究[M]. 福州:福建教育出版社,2021.

[207]王建华. 重估高等教育改革[M]. 南京:南京师范大学出版社,2018.

[208]王倩. 广东急需增加高等学校数量未来10年需建30所以上[EB/OL]. (2018-03-19)[2018-04-27]. http://news.ycwb.com/2018-03/19/content_26124243.htm.

[209]王思懿. 迈向"混合法"规制结构:新公共治理范式下高等教育系统的变革趋势——基于美国、英国、新加坡三国的分析[J]. 中国人民大学教育学刊,2017(2):38-49.

[210]王天华. 行政法上的不确定法律概念[J]. 中国法学,2016(3):

67-87.

[211]王伟国. 国家治理体系视角下党内法规研究的基础概念辨析[J].
中国法学,2018(2):269-285.

[212]王小梅. 理性对待我国大学"同质化"问题[N]. 文汇报,2016-09-23
(3).

[213]王云兰. 公立大学章程权威实效性机制研究[M]. 北京:中国社会
科学出版社,2015.

[214]魏德士. 法理学[M]. 丁晓春,吴越,译. 北京:法律出版社,2013.

[215]魏小琳. 高校学术委员会制度的现实困境及其建设——基于对浙
江省高校的调查[J]. 中国高教研究,2014(7):71-74.

[216]文新华. 大学章程的共性与特色[N]. 中国教育报,2013-12-09(5).

[217]沃尔夫,等. 行政法:(第一卷)[M]. 高家伟,译. 北京:商务印书
馆,2002.

[218]吴启迪. 以章程建设为依据构建现代大学制度[EB/OL]. (2015-
12-04)[2017-12-03]. http://www. moe. edu. cn/jyb_xwfb/xw_
fbh/moe_2069/xwfbh_2015n/xwfb_151204/151204_zjwz/201512/
t20151204_222902. html.

[219]吴岩. 高等教育的质量标准、发展类型要从同质化转向多样化[EB/
OL]. (2020-12-04)[2022-11-10]. http://www. moe. gov. cn/fbh/
live/2020/52717/mtbd/202012/t20201204_503475. html.

[220]西耶斯. 论特权 第三等级是什么?[M]. 冯棠,译. 北京:商务印书
馆,2009.

[221]习近平. 把培育和弘扬社会主义核心价值观作为凝魂聚气强基固
本的基础工程[N]. 人民日报,2022-05-29(1).

[222]习近平. 坚持党的领导传承红色基因扎根中国大地走出一条建设

中国特色世界一流大学新路[N]. 人民日报,2022-04-26(1).

[223]习近平. 坚持中国特色社会主义教育发展道路 培养德智体美劳全面发展的社会主义建设者和接班人[N]. 人民日报,2018-09-11(1).

[224]习近平. 青年要自觉践行社会主义核心价值观——在北京大学师生座谈会上的讲话(2014 年 5 月 4 日)[N]. 人民日报,2014-05-05(2).

[225]习近平. 习近平谈治国理政:第三卷[M]. 北京:外文出版社,2020.

[226]习近平. 习近平谈治国理政:第一卷[M]. 北京:外文出版社,2018.

[227]习近平. 用新时代中国特色社会主义思想铸魂育人 贯彻党的教育方针落实立德树人根本任务[N]. 人民日报,2019-03-19(1).

[228]习近平. 在教育文化卫生体育领域专家代表座谈会上的讲话(2020 年 9 月 22 日)[N]. 人民日报,2020-09-23(2).

[229]习近平在北京大学师生座谈会上的讲话(2018 年 5 月 2 日)[N]. 人民日报,2018-05-03(2).

[230]习近平在中国人民大学考察时强调 坚持党的领导传承红色基因扎根中国大地 走出一条建设中国特色世界一流大学新路[EB/OL]. (2022-04-25)[2022-09-13]. http://politics.people.com.cn/n1/2022/0425/c1024-32408556.html.

[231]习近平主持召开中央深改委第二十三次会议培养一流人才服务国家战略[N]. 青年报,2021-12-18(A01).

[232]肖金明. 为全面法治重构政策与法律关系[J]. 中国行政管理,2013(5):36-40.

[233]肖京林. 公立大学治理中行政权力与政治权力的冲突与协调[J]. 黑龙江高教研究,2017(3):50-53.

[234]谢海定. 学术自由的法理阐释[M]. 北京:中国民主法制出版社,2016.

[235]邢斌文. 论法律草案审议过程中的合宪性控制[J]. 清华法学,2017(1):167-188.

[236]徐国兴. 高等教育公平论[M]. 上海:华东师范大学出版社,2022.

[237]徐慧清. 大学章程实施的推进策略研究[J]. 教育发展研究,2013(5):64-67.

[238]徐靖. 高校校规:司法适用的正当性与适用原则[J]. 中国法学,2017(5):91-110.

[239]徐靖. 以教育督导助推大学章程实施[J]. 湖南师范大学教育科学学报,2021(4):49-57.

[240]徐显明. 文化传承创新是大学的第四大功能[N]. 光明日报,2011-05-06(7).

[241]许美德. 中国大学 1895—1995:一个文化冲突的世纪[M]. 许洁英,译. 北京:教育科学出版社,2000.

[242]许育典. 大学法制下大学自治概念的厘清——兼论法律保留的适用问题[J]. 月旦法学杂志,2012(2):5-21.

[243]薛刚凌,王文英. 社会自治规则探讨——兼论社会自治规则与国家法律的关系[J]. 行政法学研究,2006(1):1-8.

[244]雅斯贝尔斯. 大学之理念[M]. 邱立波,译. 上海:上海世纪出版集团,2007.

[245]杨帆. 从商谈法哲学到协商民主实践——哈贝马斯法律商谈论的社会科学实证化研究[M]//郑永流. 法哲学与法社会学论丛:2014年卷. 北京:中国政法大学出版社,2014.

[246]杨光斌. 政治学导论[M]. 北京:中国人民大学出版社,2000.

[247]杨聚鹏. 新时代教育评价改革政策的实践困境与推进策略研究[J]. 武汉大学学报(哲学社会科学版),2022(6):181-190.

[248]杨向卫. 大学章程实施评估机制研究[M]. 西安:西北工业大学出版社,2021.

[249]姚金菊. 教育法问题研究[M]. 北京:法律出版社,2017.

[250]叶静宜. 大学章程的裁判适用[J]. 华东师范大学学报(教育科学版),2024(8):85-103.

[251]于安. 德国行政法[M]. 北京:清华大学出版社,1999.

[252]于海棠. 高校教代会中教师代表参与的张力及其限度——以某地方综合性大学为例[J]. 高校教育管理,2013(1):27-33.

[253]于丽娟. 国外大学章程文本探析——以英国牛津大学和美国康奈尔大学为主要案例[J]. 高教探索,2009(1):76-79.

[254]于兆波. 立法决策主体比较研究[J]. 法商研究,2002(4):114-121.

[255]余利川,刘怡. 大学学术治理制度建设有效性诊断与优化——聚焦"双一流"高校学术委员会章程的历时性修订[J]. 复旦教育论坛,2023(1):28-35.

[256]余怡春. 现代大学章程现状研究——基于110部高校章程文本的分析[J]. 宁波大学学报(教育科学版),2018(2):41-49.

[257]俞可. 没有自由的自治——解读德国《高校自治法》兼论德国高等教育政策[J]. 复旦教育论坛,2007(6):58-66.

[258]俞祺. 规范内容合法性的不同面向及其适用限度——兼论规范性文件合法性审查的不同层次[J]. 浙江理工大学学报,2016(1):64-71.

[259]俞祺. 论高等学校决策机制的改革与完善——基于协商民主视角的分析[J]. 浙江社会科学,2010(9):118-122.

[260]喻特厚,萧伯符. 公民的基本权利[M]. 北京:中国政法大学出版社,1992.

[261]袁春艳. 大学章程执行力研究[M]. 北京:法律出版社,2021.

[262]湛中乐,高俊杰. 大学章程:现代法人治理的制度保障[J]. 国家教育行政学院学报,2011(11):15-20.

[263]湛中乐,黄宇骁. 高校自主办学法解释论[J]. 华东政法大学学报,2020(3):94-109.

[264]湛中乐,李凤英. 刘燕文诉北京大学案——兼论我国高等教育学位制度之完善[J]. 中外法学,2000(4):487-503.

[265]湛中乐,苏宇. 论大学章程的法律位阶:基于法律多元主义的再认识[J]. 行政法论丛,2015(18):39-54.

[266]湛中乐,苏宇. 西方大学章程的历史与现状[J]. 中国高校科技与产业化,2011(5):24-30.

[267]湛中乐,王春蕾. 大学章程核准中的若干问题探讨——以教育部核准六所大学章程为例[J]. 国家教育行政学院学报,2014(7):25-30.

[268]湛中乐,王春蕾. 于艳茹诉北京大学案的法律评析[J]. 行政法学研究,2016(3):97-107.

[269]湛中乐,谢珂珺. 大学章程之制定主体相关问题探析[J]. 北方工业大学学报,2011(4):11-17.

[270]湛中乐,徐靖. 通过章程的现代大学治理[J]. 法制与社会发展,2010(3):106-124.

[271]湛中乐,尹婷. 论学术自由:规范内涵、正当基础与法律保障[J]. 陕西师范大学学报(哲学社会科学版),2016(3):155-163.

[272]湛中乐. 大学章程法律问题研究[M]. 北京:北京大学出版社,2016.

[273]湛中乐.高等学校大学生校内申诉制度研究（下）[J].江苏行政学院学报,2007(6):100-105.

[274]湛中乐.学生权利及其法律保障[M].北京:中国法制出版社,2017.

[275]湛中乐.高等学校大学生校内申诉制度研究（上）[J].江苏行政学院学报,2007(5):96-101.

[276]张德祥.1949年以来中国大学治理的历史变迁——基于政策变革的思考[J].中国高教研究,2016(2):29-36.

[277]张芳芳,朱家德.中世纪大学特许状（章程）的特点及变革[J].赣南师范学院学报,2010(2):54-58.

[278]张国有.大学章程:第二卷[M].北京:北京大学出版社,2011.

[279]张国有.大学章程:第一卷[M].北京:北京大学出版社,2011.

[280]张国有.哈佛大学章程[M].北京:北京大学出版社,2022.

[281]张洪萍.教育改革与政治制约——张百熙与京师大学堂的重建[J].北京大学教育评论,2009(3):153-161.

[282]张继明.论中世纪大学章程的源起与生发逻辑[J].高校教育管理,2014(3):50-54.

[283]张江琳,徐伶俐.现代大学制度:学术权力回归的必然逻辑[J].教育学术月刊,2021(12):31-36.

[284]张晋,王嘉毅.高等教育高质量发展的时代内涵与实践路径[J].中国高教研究,2021(9):25-30.

[285]张磊,周湘林.问责:大学章程制定实施的制度保障[J].河南社会科学,2013(6):80-82.

[286]张丽."双一流"背景下我国大学章程功能实现研究[M].北京:中国社会科学出版社,2021.

[287]张猛猛. 大学章程实施的当下困境与破解之策——基于新制度主义的视角[J]. 江苏高教,2019(3):37-43.

[288]张千帆. 法国与德国宪政[M]. 北京:法律出版社,2011.

[289]张冉,王舒,马梦云. 大学章程中的修订条款研究——基于对"985"大学章程文本的考察[J]. 复旦教育论坛,2016(6):67-74.

[290]张冉. 美国大学章程的类型化分析及其对我国高校章程制定的启示[M]//中国教育法制评论(第9辑). 北京:教育科学出版社:278-293.

[291]张苏彤. 大学章程的国际比较:来自中美两国六校的样本[J]. 中国高教研究,2010(10):54-59.

[292]张弢. 大学之名的中世纪起源与考释[J]. 清华大学学报(哲学社会科学版),2014(4):86-98.

[293]张弢. 欧洲中世纪执教资格的产生与演进[J]. 世界历史,2013(3):77-91.

[294]张弢. 中世纪大学之"学术自由"辨析[J]. 北京大学教育评论,2017(1):89-106.

[295]张弢. 中世纪欧洲大学的兴衰[N]. 光明日报,2016-08-06(11).

[296]张文显,周其凤. 大学章程:现代大学制度的载体[J]. 中国高等教育,2006(20):7-10.

[297]张翔. 大学章程、大学组织与基本权利保障[J]. 浙江社会科学,2014(12):65-72.

[298]张翔. 德国宪法案例选释(第1辑)[M]. 北京:法律出版社,2012.

[299]张翔. 基本权利的双重性质[J]. 法学研究,2005(3):21-36.

[300]张扬. 战后美国全球知识霸权与国际学术界的新批判浪潮[N]. 光明日报,2021-10-25(14).

[301]张源泉. 德国大学管理体制的演变——以《高等学校基准法》为线索[J]. 宪政与行政法治评论,2011(5):320-339.

[302]张源泉. 德国高等教育治理之改革动向[J]. 教育研究集刊,2012(4):91-138.

[303]张媛媛,陈大兴. 大学章程评估:理念、框架与方法[J]. 黑龙江高教研究,2023(7):37-41.

[304]章程起草秘书组.《北京大学章程》制定大事记[EB/OL].(2015-04-28)[2016-11-28]. http://pkunews. pku. edu. cn/2015zt/2015-04/28/content_288466. htm.

[305]赵宏. 社会国与公民的社会基本权:基本权利在社会国下的拓展与限定[J]. 比较法研究,2010(5):17-30.

[306]赵宏. 限制的限制:德国基本权利限制模式的内在机理[J]. 法学家,2011(2):152-166.

[307]赵宏. 主观权利与客观价值——基本权利在德国法中的两种面向[J]. 浙江社会科学,2011(3):38-46.

[308]赵俊芳. 我国高等教育大众化十年盘点与省思[J]. 高等教育研究,2009(4):29-33.

[309]赵玄. 论大学章程修改的核准——基于教育部对 13 所大学章程修改批复的分析[J]. 重庆高教研究,2020(6):69-82.

[310]赵玄. 章程修改:中国特色大学章程建设新常态[J]. 中国高教研究,2022(1):90-95.

[311]赵映川,曹桂玲. 我国大学章程的同质化化解对策研究——基于 33 所大学章程文本的分析[J]. 湖北社会科学,2016(1):172-177.

[312]郑春燕. 基本权利的功能体系与行政法治的进路[J]. 法学研究,2015(5):28-38.

[313]郑毅. 在自治与自主之间——论我国大学章程的价值追求[J]. 法学论坛,2012(5):78-85.

[314]郑永流. 学术自由及其敌人:审批学术、等级学术[J]. 学术界,2004 (1):178-186.

[315]周川. 中国近代大学建制发展分析[J]. 北京大学教育评论,2004 (2):87-92.

[316]周刚志. 学术研究自由权的宪法比较分析[J]. 法学评论,2017(2): 26-33.

[317]周谷平,陈雁. 中国古代太学与欧洲中世纪大学之比较——兼论我国现代大学的起源[J]. 高等教育研究,2006(5):89-93.

[318]周光礼,朱家德. 大学章程与大学治理:国际比较与策略选择 [M]//湛中乐. 通过章程的大学治理. 北京:中国法制出版社,2011.

[319]周光礼. 走向高等教育强国:发达国家教育理念的传承与创新[J]. 高等工程教育研究,2010(3):66-77.

[320]周海涛,施悦琪. 高校价值治理的内涵、机制与策略[J]. 高等教育研究,2022(6):13-20.

[321]周培源. 蔡元培与北京大学[N]. 人民日报,1980-03-05(4).

[322]周详.《京师大学堂章程》与清末教育制度的变迁[J]. 中国人民大学教育学刊,2013(4):163-177.

[323]周雪光. 组织社会学十讲[M]. 北京:社会科学文献出版社,2003.

[324]周佑勇. 行政法基本原则研究[M]. 武汉:武汉大学出版社,2005.

[325]朱福惠. 我国公立大学内部治理结构的"去行政化"探讨——以我国高等教育法第十一条为依据[M]//湛中乐. 通过章程的大学治理. 北京:中国法制出版社,2011.

［326］朱家德. 大学章程实施比制定更重要［J］. 中国高教研究,2016(6)：
　　65-69.

［327］朱家德. 权力的规制：大学章程的历史流变与当代形态［M］. 北京：
　　中国社会科学出版社,2013.

外文文献

［1］Arnstein S R. A ladder of citizen participation［J］. Journal of the A-
　　merican Institute of Planners,1969(35)：216- 224.

［2］Arthur W B. Increasing returns and path dependence in the economy
　　［M］. Ann Arbor：University of Michigan Press,1994.

［3］Baltateanu P,Bancila A. Brief critical considerations with regard to
　　regulations of doctoral studies［J］. Acta Universitatis Danubius Ju-
　　ridica,2012(2)：119-136.

［4］Beloff M J. Academic freedom - Rhetoric or reality［J］. The Denning
　　Law Journal,2010(22)：117-142.

［5］Beloff M J. Scholars,students and sanctions：Dismissal and disci-
　　pline in the modern university［J］. The Denning Law Journal,2012
　　(13)：1-27.

［6］Bérubé M,Ruth J. The humanities,higher education and academic
　　freedom：Three necessary arguments［J］. The Review of Higher Ed-
　　ucation,2018(41)：482-484.

［7］Black J. Proceduralizing regulation：Part I［J］. Oxford Journal of
　　Legal Studies,2000(20)：597-614.

［8］Boyd S B. Corporatism and legal education in Canada［J］. Social &
　　Legal Studies,2005(2)：287-298.

[9]Bucklew N,Houghton J D,Ellison C N. Faculty union and faculty senate co-existence: A review of the impact of academic collective bargaining on traditional academic governance[J]. Labor Studies Journal,2012(4):373-390.

[10]Cabranes J A. For freedom of expression, for due process, and for Yale: The emerging threat to academic freedom at a great university[J]. Yale Law & Policy Review,2017(35):345-366.

[11]Campbell B A. Social federalism: The constitutional position of nonprofit corporations in nineteenth-century America[J]. Law & History Review,1990(8):149-188.

[12]Campbell D,Carayannis E. Epistemic governance in higher education: Quality enhancement of universities for development[M]. Berlin:Springer,2012.

[13]Cane P. An introduction to administrative law[M]. 3rd ed. London:Clarendon Press,1996.

[14]Chang A W. Resuscitating the constitutional "theory" of academic freedom: A search for a standard beyond pickering and connick[J]. Stanford Law Review,2001(53):915-966.

[15]Corcoran S. First principles in the interpretation of university statutes[J]. Flinders Journal of Law Reform,2000(4):143-156.

[16]Cramer S F. Shared governance in higher education: Demands, transitions, transformations[M]. New York:State University of New York Press,2017.

[17]Cross F B. Pragmatic pathologies of judicial review of administrative rulemaking [J]. North Carolina Law Review, 2000 (78):

1013-1078.

[18]Das D K,Roberson C. Trends in the judiciary：Interviews with judges across the globe, Volume One[M]. Boca Raton：Chemical Rubber Company Press,2013.

[19]Davis J P. Corporations：A study of the origin and development of great business combinations and of their relations to the authority of the state[M]. New York：Capricorn Books,1961.

[20]De Ridder-Symoens H. A history of the university in Europe：Universities in the Middle Ages[M]. Cambridge：Cambridge University Press, 2003.

[21]Denenfeld P. Western Michigan University：Faculty participation in the government of the university：The faculty senate[J]. American Association of University Professors Bulletin, 1966（52）：390-397.

[22]DiMaggio P J,Powell W W. The iron cage revisited：Institutional isomorphism and collective rationality in organizational fields[J]. American Sociological Review,1983(2)：147-160.

[23]Donaldson L. American anti-management theories of organization：A critique of paradigm proliferation[M]. Cambridge：Cambridge University Press,1995.

[24]Duryea E D,Williams D T. The academic corporation：A history of college and university governing boards[M]. New York：Taylor & Francis Group,2000.

[25]Fielden J. Global trends in university governance[M]. Washington, D. C. ：The World Bank,2008.

[26]Fuller L L. Human interaction and the law[J]. The American Journal of Jurisprudence,1969(14):1-36.

[27]Gajda A. Academic duty and academic freedom[J]. Indiana Law Journal,2015(91):17-38.

[28]Geiger R L. Shaping the American faculty: Perspectives on the history of higher education[M]. New York:Routledge,2017.

[29]GordonⅢ J D. Individual and institutional academic freedom at religious colleges and universities[J]. Journal of College and University Law,2003(30):1-46.

[30]Handlin O,Handlin M F. Origins of the American business corporation[J]. The Journal of Economic History,1945(5):1-23.

[31]Hayhoe R. Ideas of higher learning, east and west: Conflicting values in the development of the Chinese university[J]. Minerva,1994(32):361-382.

[32]Hermans J M M, Nelissen M. Charters of foundation and early documents of the universities of the Coimbra Group[M]. Leuven: Leuven University Press,2005.

[33]Holdsworth W S. English corporation law in the 16th and 17th centuries[J]. Yale Law Journal,1922(31):382-407.

[34]Huddleston J. German universities and adult education[J]. British Journal of Educational Studies,1970(18):42-55.

[35]Ingram R T. Governing independent colleges and universities[M]. San Francisco:Jossey-Bass Publishers,1993.

[36]Jackson A,Jackson J G. Legal challenges relating to student unions in Australian universities[J]. Southern Cross University Law Re-

view,2004(8):131-161.

[37]Jelić Z. A note on Adolf Merkl's theory of administrative law[J]. Law and Politics,1998(1):147-155.

[38]Kamvounias P, Varnham S. Doctoral dreams destroyed: Does Griffith University v. Tang spell the end of judicial review of Australian university decisions? [J]. Austra lia & New Zealand Journal of Law & Education,2005(10):5-22.

[39]Kaplin W A,Lee B A. The law of higher education: A comprehensive guide to legal implications of administrative decision making [M]. 4th ed. Hoboken:John Wiley & Sons,2006.

[40]Kibre P. Scholarly privileges: Their Roman origins and medieval expression [J]. The American Historical Review, 1954 (59): 543-567.

[41]Kivinen O, Poikus P. Privileges of Universitas Magistrorum Et Scolarium and their justification in charters of foundation from the 13th to the 21st centuries [J]. Higher Education, 2006 (52): 185-213.

[42]Kloss G. The growth of federal power in the West German university system[J]. Minerva,1971(9):510-527.

[43]Kloss G. University reform in West Germany: The burden of tradition[J]. Minerva,1968(6):323-353.

[44]Laski H J. The personality of associations[J]. Harvard Law Review,1916(29):404-426.

[45]LeRoy M H. How courts view academic freedom[J]. Journal of College and University Law,2016(42):1-58.

［46］Lieberwitz R L. The corporatization of academic research：Whose interests are served? ［J］. Akron Law Review,2005(38):759-770.

［47］Lieberwitz R L. The corporatization of the university：Distance learning at the cost of academic freedom? ［J］. Boston University Public Interest Law Journal,2002(12):73-136.

［48］Livermore S. Early American land companies：Their influence on corporate development ［M］. New York：The Common-wealth Fund,1939.

［49］Lobkowicz N. Reflections on eleven years as president of a German university［J］. Minerva,1984(22):366-367.

［50］Meyer H. The design of the university：German, American, and "World Class"［M］. London and New York:Routledge,2016.

［51］Meyer J W, Rowan B. Institutionalized organizations：Formal structure as myth and ceremony［J］. American Journal of Sociology,1977(2):340-363.

［52］Mingroot E V. Sapientie Immarcessibilis：A diplomatic and comparative study of the bull of foundation of the University of Louvain ［M］. Louvain:Leuven University Press,1994.

［53］Mushaben J M. Reform in three phases：Judicial action and the German federal framework law for higher education of 1976［J］. Higher Education,1984(13):423-438.

［54］Nichol G. Lessons on political speech, academic freedom, and university governance from the New North Carolina［J］. First Amendment Law Review,2017(16):39-72.

［55］North D C. The contribution of the new institutional economics to the transition problem[J]. Wider Annual Lectures,1997(1):1-18.

[56]O'Kelley C R T. What was the "Dartmouth College" Case really about? [J]. Vanderbilt Law Review,2021(6):1645-1725.

[57]Osborough W N. The law school of University College Dublin: A history[J]. Dublin University Law Journal,2015(38):241-242.

[58]Paradeise C, Reale E, Bleiklie I, Ferlie E. University governance: Western European comparative perspectives[M]. Berlin:Springer,2009.

[59]Pedersen O W. Versions of academic freedom[J]. Legal Studies, 2015(35):551-558.

[60]Peters J, Davis C N. When open government and academic freedom collide[J]. First Amendment Law Review,2013(12):295-324.

[61]Pfeffer J,Salancik G R. The external control of organizations: A resource dependence perspective [M]. New York: Harper & Row,1978.

[62]Pierson P. Increasing returns, path dependence, and the study of politics[J]. American Political Science Review,2000(2):251-267.

[63]Quincy J. History of Harvard University[M]. Cambridge:John Owen,1840.

[64]Rajagopal B. Academic freedom as a human right: An internation-alist perspective[J]. Academe,2003(89):25-28.

[65]Rapoport N B. Venn and the art of shared governance[J]. Univer-sity of Toledo Law Review,2003(35):169-184.

[66]Robbins J J. The private corporation: Its constitutional genesis[J]. Georgetown Law Review,1939(28):165-183.

[67]Scherer K R. Justice: Interdisciplinary perspective [M]. Cam-

bridge:Cambridge University Press,1992.

[68]Shattock M. International trends in university governance: Autonomy, self-government and the distribution of authority[M]. London and New York:Routledge,2016.

[69]Stoica C F,Safta M. University autonomy and academic freedom - meaning and legal basis[J]. Perspectives of Business Law Journal, 2013(2):192-199.

[70]Stroup H. Bureaucracy in education [M]. New York: Free Press,1966.

[71]Tudorel S, Safta M. Unconstitutional legislative solutions in the field of education[J]. Revista De Drept Constitutional,2017(1):67-94.

[72]Walters R. New modes of governance and the commodification of criminological knowledge[J]. Social & Legal Studies,2003(12): 5-26.

[73]Weick K E. Educational organizations as loosely coupled systems [J]. Administrative Science Quarterly,1976(1):1-19.

后 记

本书是在我的博士学位论文基础上修改而成的。选择大学章程的议题，源自对高等教育法治的关切。从一名接受高等教育的学生，到一名参与高等教育的教师，我时刻感受着高校的组织结构、管理体制、教研秩序、权益保障等议题的重要性。大学章程被视为大学的"宪章"，上承国家法律法规，下启内部各项规章制度。从中外大学发展的历史与规律看，章程在现代大学制度建设中都具有非常重要的作用。尤其是在新时代中国特色社会主义高等教育的发展道路上，对当代中国大学章程的运行机制加以细致解读，更是具有重要意义。

诚然，写作是一项反思的过程。愚钝如我，不曾企及巨人的高峰，甚至都没能爬上巨人的肩膀。但若能将前人的积淀，按自己的条理归纳成文并解释得通，那么也不算毫无价值。

感谢我的导师陈林林教授，是他将当年那个充满好奇却又懵懂无知的我引领至学术殿堂。回想入学之初与业师的首次交流，至今仍感慨万分，作品中那个思维缜密、论证严实的著者，本人却出奇的平和、含蓄。"这本书很不错，拿去反复精读。"从他手中接过满是笔记的《司法过程的性质》的一幕，让我铭记于心。在学习期间，业师给了我学习和生活上的不少帮助，我的博士学位论文从选题到框架的形成，都离不开业师春风化雨的引导。

　　同时，必须感谢我在学习期间遇到的各位老师。从论文框架到内容安排，焦宝乾老师都为我提出了良好的建议，并多次与我交流修改事宜。夏立安老师更是主动为我提供调研机会，帮我联系访谈对象，以丰富我的论证素材。此外，梁治平老师、葛洪义老师、季涛老师、石毕凡老师、王凌皞老师等诸位老师，皆为我提供了颇具启发意义的帮助，他们在课堂上、讲座上所传授的知识，潜移默化地影响着我的学术积累。我还要特别感谢余军老师，在我迷茫低落的时候，给予我重拾信心的动力。

　　我也要感谢在学术和生活上相知相伴的各位学友。与同伴的交流是轻松愉悦却又干货满满的，彼此的思维碰撞总能产生美丽的火花。写作期间能够获得来自各方的有益意见，对于拓宽自身的知识面、克服自己的局限和障碍无疑有着巨大帮助。同时，诸位学友亦在生活上给了我细致、温暖的关怀，也为我的生活增添了不少乐趣，让我的身心能够在紧张和舒缓之间自由穿梭。这里要感谢的人太多，无法一一列举，他们包括但不限于王云清师兄、兰婷婷师姐、严崴师兄、张晓笑师姐、何雪锋师兄、于洋、史盛洁、宋灵珊、严书元、安哲明、居亚凯、谭清值、徐大闯、秦汉、季若望、黄琳、陈昱等诸位学友。

　　我还要感谢浙大城市学院法学院的同事们。这里的工作氛围，包容、温暖且催人奋进。在这里收获的成长和蜕变，是我面对风雨的恒久能量。我也要感谢浙大城市学院法学院的同学们，尤其要感谢葛静雯同学为本书所做的细致的校对工作。

　　最后，我要感谢我的家人，他们尽其所能为我提供各种条件。在我前进的道路上，他们的信任和鼓励从未缺席。

2024 年 3 月 14 日
于浙大城市学院法学院